幼儿语言教育活动设计与指导

（第2版）

主　编　张海钰　徐　烨
副主编　武晓燕　高　琪
　　　　白玉敏　康景艳

北京理工大学出版社
BEIJING INSTITUTE OF TECHNOLOGY PRESS

版权专有 侵权必究

图书在版编目（CIP）数据

幼儿语言教育活动设计与指导 / 张海钰，徐烨主编. -- 2 版. -- 北京：北京理工大学出版社，2022.2

ISBN 978-7-5763-1039-9

Ⅰ．①幼… Ⅱ．①张…②徐… Ⅲ．①学前教育—语言教学—教材 Ⅳ．① G613.2

中国版本图书馆 CIP 数据核字（2022）第 030694 号

出版发行 / 北京理工大学出版社有限责任公司	
社　　址 / 北京市海淀区中关村南大街 5 号	
邮　　编 / 100081	
电　　话 /（010）68914775（总编室）	
（010）82562903（教材售后服务热线）	
（010）68944723（其他图书服务热线）	
网　　址 / http：//www.bitpress.com.cn	
经　　销 / 全国各地新华书店	
印　　刷 / 定州市新华印刷有限公司	
开　　本 / 889 毫米 × 1194 毫米　1/16	
印　　张 / 11	责任编辑 / 张荣君
字　　数 / 239 千字	文案编辑 / 时京京
版　　次 / 2022 年 2 月第 2 版　2022 年 2 月第 1 次印刷	责任校对 / 刘亚男
定　　价 / 72.00 元	责任印制 / 边心超

图书出现印装质量问题，请拨打售后服务热线，本社负责调换

前 言

在幼儿园教育教学活动中，语言教学活动占有很重要的位置，幼儿对语言的理解和表达，将影响到幼儿对知识的学习、思维的发展、人际的交往等各个领域。所以，如何科学地组织幼儿园的语言教育活动，为幼儿提供良好的语言环境，提高幼儿的语言表达能力是每个幼儿教学工作者应当研究的重要课题。

一、编写目的

随着时代的发展、科学的进步、知识的更新，幼儿语言教育教学内容、教学方法、教学形式也需要不断地更新。但是，目前有些教材在教学内容和教学方法等方面不能满足幼师教学的实际需要。例如：有些教材知识明显滞后，已经脱离了幼儿园的实际情况；有些教材理论性太强，忽略了技能的训练，不利于学生实践能力的提高；有的教材形式新颖，但过分重视知识的体系性，不利于教师的课堂讲授。基于以上问题，为了适应社会的发展，为了满足幼儿园教学的实际需要，也为了给幼儿教育专业的学生和教师提供更具实用性的教材，我们编写了此书。

二、编写重点和特色

1. 突出幼教特色

本教材根据幼教专业的职业要求以及学生对知识的理解与接受能力等特点，理论知识尽量结合幼儿园的教育教学实际情况，坚持以《幼儿园教育指导纲要（试行）》《3～6岁儿童学习与发展指南》等政策为基础，理论知识尽量结合幼儿园的教育教学实际情况。本次改版结合幼儿教育改革的核心经验，在教学目标、教学内容和教学案例等细节方面进行了调整，做到与时俱进。

此外，本教材还特别结合幼儿教师资格证的面试，增加了一个单元的内容，重点介绍教资面试的环节和备考技巧，希望能给参加教资考试的学生以启发。

2. 重视立德树人

学前教育专业肩负着培养未来幼儿教师的神圣职责和使命，本书注重加强师德师风教育，构筑"课程思政"的立交桥，落实立德树人的根本任务。结合人才培养目标，从学习目标到学习内容，深入挖掘并巧妙融入科学的儿童观、教师观、教育观的基本职业理念，以及爱国情怀、人际交往能力、遵纪守法、创新意识等隐性思政内容，将价值塑造、知识传授和能力培养融为一体，实现"三全"育人。

3. 支持自主探究

本教材在编写体例方面主要采用了"学习目标""任务导入""基础知识""案例分享""实践活动"和"拓展延伸"六部分，这样的编排，层层深入，支持学生自主探究式学习，有利于开展PBL教学活动。首先，"学习目标"和"任务导入"明确学习方向，激发了学生学习内动力；然后，"基础知识"和"案例分享"提供从理论知识到实践经验的自主学习平台；最后"实践活动"引导学生将理论应用于实践，检查学习效果，"拓展延伸"环节将学习进行了广度与深度的思维拓展，为今后的教科研发展奠定了基础。

4. 丰富学习资源

第2版教材在实践教学的基础上，增加了大量学习资料，每个幼儿语言活动的实践模块后都附加了"常见问题分享"的PPT，方便教师进行问题梳理及学生进行自学。此外，为了方便学生自学和教师查找问题，有些重难点部分还设计了检测学习效果的问卷调查。增加了教学活动设计的教案表、语言活动的评价量表、说课活动表、说课评价量表以及大量的实践活动的参考视频、优秀作业范例等。丰富的资料库为学生的自学提供了平台，为教师信息化教学提供了支持条件。

5. 实践"做中学"

本教材的主要理论基础是杜威的"做中学"，"教学应从学生的经验和活动出发，使学生在游戏和工作中，采用与儿童和青年在校外从事的活动类似的形式"。因此，本教材结合学科特点，以实践为主，每个单元围绕项目任务开展教学活动，根据学生的实际情况进行课堂实践活动的组织与指导，以课堂教学经验为出发点设计指导策略，最后对实践活动中常见问题进行总结与归纳。这种"以问题为导向，以实践为依托"的模式，有效地提高了学生幼儿语言教育活动的组织能力和教学能力。

本教材在编写过程中得到了幼教同仁的亲切关怀和帮助，感谢他们在编写过程中提供大量的素材；感谢河北农业大学幼儿园、保定市青年路幼儿园提供参观学习的机会；感谢河北农业大学幼儿园边秀莲园长为教材编写提供的宝贵建议；感谢河北农业大学幼儿园张新仓、范学蓓老师，保定市青年路幼儿园张苗苗老师和贵州省百春沙井分园郭崇静园长提供的教案、示范课素材等。本教材编写过程中参考了国内外学者的相关著述以及网络上的教育资源，在此一并致谢！

由于编者学识和能力有限，本教材尚有不足之处，热诚欢迎广大同行和读者提出宝贵意见！

编　者

目 录

单元一 幼儿语言教育的一般原理 ………………………………… 1

    学习目标 ……………………………………………………………… 1

    任务导入 ……………………………………………………………… 1

    基础知识 ……………………………………………………………… 1

    案例分享 ……………………………………………………………… 23

    实践活动 ……………………………………………………………… 28

    拓展延伸 ……………………………………………………………… 28

单元二 幼儿文学作品活动 ……………………………………………… 32

    学习目标 ……………………………………………………………… 32

    任务导入 ……………………………………………………………… 32

    基本知识 ……………………………………………………………… 32

    案例分享 ……………………………………………………………… 51

    实践活动 ……………………………………………………………… 54

    拓展延伸 ……………………………………………………………… 56

单元三 幼儿谈话活动 …………………………………………………… 61

    学习目标 ……………………………………………………………… 61

    任务导入 ……………………………………………………………… 61

    基本知识 ……………………………………………………………… 61

    案例分享 ……………………………………………………………… 72

    案例分享 ……………………………………………………………… 77

    实践活动 ……………………………………………………………… 81

    拓展延伸 ……………………………………………………………… 82

单元四　幼儿讲述活动 ……………………………………………… 84

- 学习目标 ……………………………………………………… 84
- 任务导入 ……………………………………………………… 84
- 基础知识 ……………………………………………………… 85
- 案例分享 ……………………………………………………… 97
- 实践活动 ……………………………………………………… 100
- 拓展延伸 ……………………………………………………… 106

单元五　幼儿早期阅读活动 …………………………………… 109

- 学习目标 ……………………………………………………… 109
- 任务导入 ……………………………………………………… 109
- 基本知识 ……………………………………………………… 109
- 案例分享 ……………………………………………………… 121
- 实践活动 ……………………………………………………… 125
- 拓展延伸 ……………………………………………………… 126

单元六　幼儿语言教学游戏活动 ……………………………… 129

- 学习目标 ……………………………………………………… 129
- 任务导入 ……………………………………………………… 129
- 基础知识 ……………………………………………………… 129
- 案例分享 ……………………………………………………… 147
- 实践活动 ……………………………………………………… 148
- 拓展延伸 ……………………………………………………… 149

单元七　幼师资格面试中关于语言活动试讲的准备 …… 153

- 学习目标 ……………………………………………………… 153
- 任务导入 ……………………………………………………… 153
- 基本知识 ……………………………………………………… 153
- 案例分享 ……………………………………………………… 161
- 实践活动 ……………………………………………………… 165
- 拓展延伸 ……………………………………………………… 165

参考文献 ………………………………………………………… 170

单元一　幼儿语言教育的一般原理

学习目标

1. 能说明学前儿童语言发展的内涵以及特点。
2. 能列举学前儿童语言教育的目标。
3. 能概述学前儿童语言教育的内容。
4. 能灵活运用学前儿童语言教育的方法。
5. 能分析、评价不同年龄阶段学前儿童语言教育目标。
6. 树立正确的学前儿童语言教育观念。

任务导入

总任务：搜集幼儿语言教育的基本案例，初步形成对语言教育活动的基本概念

- 子任务1. 搜集不同年龄阶段幼儿语言发展的案例
- 子任务2. 分析不同年龄阶段幼儿语言教育目标
- 子任务3. 搜集整理不同类型幼儿语言教育活动案例
- 子任务4. 分析幼儿语言教育案例中的基本方法

基础知识

幼儿语言教育是专门研究3~6岁幼儿语言发展及其教育的一门应用性学科，它与其他四个领域（健康、社会、艺术、科学）教育构成横向联系，各自从不同领域研究幼儿的发展和教

育，共同促进幼儿身心的全面发展。幼儿语言教育的基本原理是从幼儿语言的发展、目标与任务、内容及方法等角度阐述幼儿语言教育的基本问题，是幼儿语言教育的理论基础。

一、幼儿语言发展的特点

语言是人类交流思想、表达情感、传递文化知识的重要工具。语言发展主要指人类个体出生后的一定时期内掌握本族语的过程。

美国教育家霍华德·加德纳曾提出：人的智能包括七种，而语言交往能力是第一位，且语言发展是智力发育的基础。所以幼儿语言的发展是其心理和智力发展的重要前提。儿童发展心理学研究表明，幼儿期（3~6岁）是语言发展的关键期。以下将主要从语音、词汇、句子等角度来阐述幼儿语言发展的规律。

幼儿语言发展的特点

1. 幼儿语音发展的特点

从一岁半开始，幼儿语言能力的发展已由单双词阶段向完整句阶段发展，集中无意义的发音现象已经消失。为了使语音伴随一定的含义，发音会受到一定的限制，语音要服务于有意义词的需要。由于幼儿受到听音、发音等生理机制、社会环境和教育条件等诸多因素的影响，幼儿的语音发展主要呈现出以下几个特点。

（1）语音知觉能力逐渐发展，对语音的意识开始形成。

幼儿要学会正确地发音，必须建立起语音的自我调节机能，即通过对语音知觉能力的培养，逐渐形成对语音的正确意识。包括听音变调能力的发展，对语音的精确辨别意识，到能控制和调节自身发音器官的活动。幼儿语音意识的形成主要表现在：

①能够有意识并自觉调节自己的发音。

②能够评价别人发音的特点，指出或纠正他人发音的错误，或者嘲笑、故意模仿别人的错误发音等。

研究表明，幼儿的语音记忆表象主要是按成人的发音形式来储存的，尽管幼儿可能对某些发音自身还不能区别，但能知觉到成人和自己发音的差异，并通过不断地实践和调整加以纠正或完善，所以这期间成人语音的模式是非常重要的。

（2）逐渐掌握本民族的全部语音。

幼儿正确发音能力是随着发音器官的成熟和大脑皮层对发音器官调节功能的发展而提高的。2.5~4岁是语音发展的飞跃期，可持续到4岁半，4~5岁儿童的语音发展进步最明显。一般来说，在正确的教育下，4岁幼儿基本能掌握本民族的全部语音，其特点为：

单元一 幼儿语言教育的一般原理

①韵母发音正确率高于声母，且错误率较高。

②幼儿对舌尖后清擦音（zh、ch、sh）和舌尖后浊擦音（r）的发音感到困难，并且zh、ch、sh容易与z、c、s相混淆。

③个别相似音易混淆，如g、k发成d、t，neng、ang、ing发成nen、on、un。

综上所述，幼儿语音的发展有其内在特点，成人必须掌握这一特点，根据幼儿自身的发展规律引导他们发展。

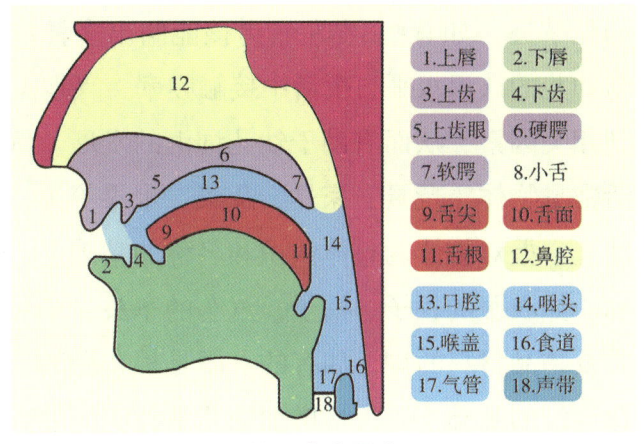

幼儿发音器官

2. 幼儿词汇发展的特点

词是语言中音义结合体，是语言的意义代码，是标记事物的符号，可以脱离语境成为一般的语义代码存在于不依赖语境的独立的词汇系统中。词也是语言的基本构成单位。词汇是词的总称，由成千上万个词合并而成。幼儿词汇的发展是其语言发展的重要指标之一，其表现在词汇是否丰富、使用是否恰当、词义理解是否正确等方面。

（1）词汇数量的快速增加。

国内外学者研究表明幼儿期词汇数量增长很快，成直线上升趋势。且词汇数量增长的高速期有两个：一个是在3岁，另一个是在6岁。有研究表明，3岁左右幼儿已能掌握1 000个左右的词汇。6岁则能达到3 000～4 000个词汇。幼儿词汇量的快速发展是由量的逐步积累到产生质的飞跃发展规律所决定的，所以，必须把幼儿前期看成词汇教育的关键时期，才能促进幼儿出现词汇发展的飞跃。

（2）词汇类别日益扩大。

汉语词汇一般分为两大类。一类是实词（即具有实际意义的词），包括名词、动词、形容词、量词、数词、代词和副词等；另一类是虚词（即不具有实际意义的词），包括助词、连词、介词、叹词（语气词）等。尽管在两岁幼儿的词汇中，各类词均已经出现，但幼儿词汇的掌握，一般来说还是实词占绝大多数；并且在实词中，名词和动词占绝大多数；在其掌握的名词中，又以具体名词占绝大多数；在具体名词中，又以幼儿常见的日常生活用品的名词占多数。而其对比较抽象的虚词的数量掌握随年龄的增长而上升。

简而言之，幼儿词汇掌握的顺序为：有具体

幼儿词汇发展的特点

形象或动作的词先掌握，抽象概括的词后掌握；重复机会多、使用率高的词先掌握；感兴趣的词先掌握，如有些3岁左右男孩能叫出多种汽车的名称或品牌等。所以幼儿对词汇类别的掌握与幼儿的认识水平、生活中接触频率、兴趣需要有很大关系，在词汇教育中家长和教师应注意到相关因素，从而有助于幼儿词汇的发展。例如在名词方面，在3～4岁时，可教授一些日常生活常见物体（玩具、家具、蔬菜、水果等），常见交通工具和动植物名称。在4～5岁时，可在幼儿掌握对物体的整体认识和名称的基础上，转入对事物各部分的认识，同时掌握各部分的名称。如衣服的领子、袖子，汽车的车头、车厢、车轮等。另外，还可以教幼儿掌握代表物体性质及物品材料的词，如有的衣服是棉布做的，有的衣服是化纤做的。在5～6岁时，在巩固已掌握词汇的基础上，大量增加幼儿掌握实词的数量，并提高质量，这一阶段的幼儿思维开始出现抽象逻辑思维的萌芽，所以可教授一些概括性较高的名词，如家具、家电、交通工具、动物、水果等和一些有关自然现象的名词。

（3）词义理解能力的逐渐提高。

由于幼儿认知水平和语言环境、教育等因素的影响，幼儿对词汇的理解最初容易出现理解过宽或过窄的现象，也就是概念的外延或扩大或缩小。如对于"爸爸"的理解，特指自己的爸爸或和爸爸同年龄阶段的男性；对词义的理解首先理解其具体意义，之后才能逐渐理解比较深刻的意义，也就是对词的转义理解有困难，如"黑"就是指颜色黑，"黑话"理解成在黑暗中说话；容易对同音异义词产生错误的理解，如"汽车载客"理解成"汽车宰客、汽车杀人"的意思。

3. 幼儿句子发展的特点

句子是能够表达一个相对完整的意思，并且有一个特定语调的语言单位，它由词或词组根据一定的规则组合而成，而这一规则指的就是语法。幼儿对句子的掌握主要是通过掌握语法体系来体现的。幼儿能够理解并正确运用某一类型的句子，意味着他已经能够掌握句子的组合规则，所以评价幼儿句子发展水平主要体现在两个方面：一方面是句子结构逐渐完整；另一方面是对句子意义的理解逐渐加深。

（1）句子结构逐渐完整。

幼儿句子结构发展的顺序是：从不完整句到完整句发展。其中，不完整句包括从单词句到双词句或电报句发展，完整句则经历了从简单句向复合句发展的规律。

①**单词句的特点**。没有语法，只有语音和环境的结合；词性的不固定；意义指代不明确等。如"球球""毛毛""汪汪"等。

②**双词句或电报句的特点**。词的简单叠加，只有词的顺序而没有词和词的结构关系，缺少句子成分的、不完整的。如"妈妈抱抱""擦鼻鼻"。

③**简单句的特点**。由没有修饰语到逐渐增加修饰语，如"宝宝吃饭饭"。

单元一　幼儿语言教育的一般原理

幼儿到5岁左右，能出现有复杂结构和联合结构的句子。

④**复合句的特点**。在陈述句中复合句使用比例较高；复合句多为联合复合句，其中，又以并列复合句为主，其次是连贯复合句和补充复合句；关联词的使用从无到有，正确使用率随年龄的增加而增加。如"因为我星期天去奶奶家了，所以没带来"。

（2）对句子意义的理解逐渐加深。

幼儿对句子含义的理解掌握，先于对句子正确地使用。从1岁左右能听懂成人简单的句子并作出反应，到2～3岁开始和成人简单地交谈，再到4～5岁能正确表达自己的意愿和问题，并和成人自由交谈。如1岁左右虽不能准确表达，但能听懂成人常用的动词"坐""起来""捡"等，并能按成人的指令动作，说明随着幼儿年龄的增长，其对句子意义的理解逐渐增强。但对一些结构复杂的句子，如被动语态（东东被涵涵撞倒了）、双重否定（小朋友们没有一个不喜欢小王老师的）句式等往往还不能正确理解。研究表明，幼儿在4岁前就形成了一种规范的句子次序的模式。因为幼儿能理解的句子远比能说出的多，所以成人在幼儿面前使用的句子应该与幼儿的理解水平相一致，并适当提高句子的难度，对幼儿理解句子和产生句子都会有积极的影响。

幼儿语言发展的特点

课堂小练

案例分析

根据所学幼儿语言发展的相关知识，分析以下案例，指出案例中该年龄阶段幼儿语言发展的特点是什么？

案例一：美美已经入园一个月了，初步适应了幼儿园的生活，情绪也比较稳定。今天也一样，晨间入园时，妈妈抱着美美走进了活动室，并让美美跟老师打招呼说早安，与小朋友打招呼，美美用不清楚的话对着老师说："老……师……"然后跟小朋友招了招手。当老师刚一抱过美美，她就突然哭起来，小手使劲儿地抓住妈妈的衣角，不要妈妈离开。于是老师抱着美美走到了教室中间，看挂着的各种小动物，并指认上面的汉字。老师做出很惊讶的表情说："哎呀，这个长耳朵的是什么呀？"美美听到老师的声音一下就转移了视线，看着老师所指的地方，略带哭腔地说："兔兔。"于是老师紧接着又指着其他的动物问，她都很快地回答，止住了哭声，跟着老师手指的地方说小动物的名称。如"狗狗、鸟鸟、猫猫"，一边说还一边咯咯地笑。

幼儿入园

案例二： 午睡后，老师给西西穿好了衣服，西西便一个人走到图书角拿起了一本书，坐在地上看了起来。一只手指着图书，一边嘴里还不停地念叨着什么，当看见小朋友来了的时候，她就拿起一本书给小朋友，说："你……看书书。"老师走到了西西身边，问她："西西，你在看什么书？"西西回答说："嘟嘟熊。"并拉起老师的手："老师讲。"于是，老师便坐在了她身边把她抱了起来，一边指一边给她讲。她听得认真极了，还不时发出"打针针、搭积木"等与书里内容相同的短语。

案例三： 今天早上涵涵在卫生间解便时，看见正在拖地的李老师不小心摔了一跤，还听到李老师说了一句"好痛"。到了中午睡觉的时候，值班老师看见涵涵还没有躺在床上睡好，就走过去问她："涵涵，不躺好会生病哦。"涵涵突然做出一副很难受的表情说："李老师绊倒了，好痛哦。"值班老师就问她："李老师在哪儿摔的呀？"答："在厕所。"然后值班老师便对她说："那下次我们就让李老师小心一点，好不好？"她点了点头说："好。"就躺到了床上。

案例四： 今天老师请小朋友们到卫生间洗手，准备吃饭，当请到丽丽的时候，丽丽来到保育老师的身边，一边洗着手，一边嘴里不停地唱着："洗手手，洗手手，洗手手洗手手洗手手。"刚开始，保育老师不知道丽丽唱的是什么歌，便问她："丽丽，你唱的是什么歌呀，老师怎么没有听过？"丽丽笑眯眯做出一副得意的样子说："是我洗手手的歌。"老师又问："是丽丽自己编的呀！真能干。"丽丽用劲地点了点头。

二、幼儿语言教育的目标

幼儿语言教育的目标是对幼儿实施语言教育的出发点和归宿，是对幼儿语言教育目的和要求的归纳，是实施语言教育的方向和准则。幼儿语言教育目标是根据幼儿保育与教育的主要目标确定的，它是幼儿教育总目标的重要组成部分，是依据社会发展、幼儿身心发展规律以及幼儿语言发展的客观规律来制定的。

单元一　幼儿语言教育的一般原理

1. 幼儿园语言教育的目标层次

教育目标具有不同层次，高层次的概括性目标必须转化为低层次的具体目标才可能实施。2016年颁布的最新《幼儿园工作规程》（以下简称《规程》）当中指出："幼儿园的任务是贯彻国家的教育方针，按照保育与教育相结合的原则，遵循幼儿身心发展特点和规律，实施德、智、体、美等方面全面发展的教育，促进幼儿身心和谐发展。要实现这一总目标，必须将其进行分解转化为多层次、可操作的具体目标。"同样，《规程》中在幼儿园保育和教育的目标方面的表述有"发展幼儿智力，培养正确运用感官和运用语言交往的基本能力，增进对环境的认识，培养有益的兴趣和求知欲望，培养初步的动手探究能力"。其中，"培养正确运用感官和运用语言交往的基本能力"是对幼儿语言教育的明确表述。在幼儿教育中，我们从目标体系划分，一般可分为教育总目标、各年龄阶段目标、教学活动目标三个逐级转化的层级教育目标。其中，教学目标是教育目标最具体化的体现，它是基础之基础，决定着整个教育总目标的落实与达成度。

（1）幼儿园语言教育总目标。

为推进幼儿园实施素质教育，全面提高幼儿园教育质量，我国教育部于2001年颁布了《幼儿园教育指导纲要（试行）》（以下简称《纲要》）。《纲要》是根据党的教育方针制定的，是指导广大幼儿教师将《规程》的教育思想和观念转化为教育行为的指导性文件，其中对语言教育提出了总的目标和要求。

目标：
① 乐意与人交谈，讲话礼貌；
② 注意倾听对方讲话，能理解日常用语；
③ 能清楚地说出自己想说的事；
④ 喜欢听故事、看图书；
⑤ 能听懂和会说普通话。

幼儿交谈

内容与要求：
① 创造一个自由、宽松的语言交往环境，支持、鼓励、吸引幼儿与教师、同伴或其他人交谈，体验语言交流的乐趣，学习使用适当的、礼貌的语言交往。
② 养成幼儿注意倾听的习惯，发展语言理解能力。
③ 鼓励幼儿大胆、清楚地表达自己的想法和感受，尝试说明、描述简单的事物或过程，发展语言表达能力和思维能力。
④ 引导幼儿接触优秀的儿童文学作品，使之感受语言的丰富和优美，并通过多种活动帮助幼儿加深对作品的体验和理解。
⑤ 培养幼儿对生活中常见的简单标记和文字符号的兴趣。

⑥利用图书、绘画和其他多种方式，引发幼儿对书籍、阅读和书写的兴趣，培养前阅读和前书写技能。

⑦提供普通话的语言环境，帮助幼儿熟悉、听懂并学说普通话。少数民族地区还应帮助幼儿学习本民族语言。

指导要点：

①语言能力是在运用的过程中发展起来的，发展幼儿语言的关键是创设一个能使他们想说、敢说、喜欢说、有机会说并能得到积极应答的环境。

②幼儿语言的发展与其情感、经验、思维、社会交往能力等其他方面的发展密切相关。因此，发展幼儿语言的重要途径是通过互相渗透的各领域的教育，在丰富多彩的活动中去扩展幼儿的经验，提供促进语言发展的条件。

③幼儿的语言学习具有个别化的特点，教师与幼儿的个别交流、幼儿之间的自由交谈等，对幼儿语言发展具有特殊意义。

④对有语言障碍的幼儿要给予特别关注，要与家长和有关方面密切配合，积极地帮助他们提高语言能力。

（2）幼儿语言教育的年龄阶段目标。

教育部于2012年5月制定了《3～6岁儿童学习与发展指南》（以下简称《指南》）。《指南》从五个领域描述幼儿学习与发展，分别是：健康、语言、社会、科学和艺术。每个领域按照幼儿学习与发展最基本、最重要的内容划分为若干方面。《指南》分别对3～4岁、4～5岁、5～6岁三个年龄段末期幼儿应该知道什么、能做什么，大致可以达到什么发展水平提出了合理期望。在语言教育方面，《指南》指出：语言

幼儿不同年龄语言发展目标

是交流和思维的工具。幼儿期是语言发展，特别是口语发展的重要时期。同时，幼儿的语言能力是在交流和运用的过程中发展起来的。幼儿在运用语言进行交流的同时，也在发展着人际交往能力、理解他人和判断交往情境的能力、组织自己思想的能力。通过语言获取信息，幼儿的学习逐步超越个体的直接感知。

幼儿的语言学习需要相应的社会经验支持，应通过多种活动扩展幼儿的生活经验，丰富语言的内容，增强其理解和表达能力。应在生活情境和阅读活动中引导幼儿自然而然地产生对文字的兴趣，用机械记忆和强化训练的方式让幼儿过早识字不符合其学习特点和接受能力。根据以上要求，《指南》将幼儿园语言教育目标分为倾听与表达、阅读与书写准备两大部分，具体目标分析如下：

单元一　幼儿语言教育的一般原理

①倾听与表达。

目标1　认真听并能听懂常用语言

3～4岁	4～5岁	5～6岁
1. 别人对自己说话时能注意听并做出回应。 2. 能听懂日常会话	1. 在群体中能有意识地听与自己有关的信息。 2. 能结合情境感受到不同语气、语调所表达的不同意思。 3. 方言地区和少数民族地区的幼儿能基本听懂普通话	1. 在集体中能注意听老师或其他人讲话。 2. 听不懂或有疑问时能主动提问。 3. 能结合情境理解一些表示因果、假设等相对复杂的句子

教育建议

（1）多给幼儿提供倾听和交谈的机会。如：经常和幼儿一起谈论他感兴趣的话题，或一起看图书、讲故事。

（2）引导幼儿学会认真倾听。如：

· 成人要耐心倾听别人（包括幼儿）的讲话，等别人讲完再表达自己的观点。

· 与幼儿交谈时，要用幼儿能听得懂的语言。

· 对幼儿提要求和布置任务时要求他注意听，鼓励他主动提问。

（3）对幼儿讲话时，注意结合情境使用丰富的语言，以便于幼儿理解。如：

幼儿不同年龄语言发展目标

· 说话时注意语气、语调，让幼儿感受语气、语调的作用。如对幼儿的不合理要求以比较坚定的语气表示不同意；讲故事时，尽量把故事人物高兴、悲伤的心情用不同的语气、语调表现出来。

· 根据幼儿的理解水平有意识地使用一些反映因果、假设、条件等关系的句子。

目标2　愿意讲话并能清楚地表达

3～4岁	4～5岁	5～6岁
1. 愿意在熟悉的人面前说话，能大方地与人打招呼。 2. 基本会说本民族或本地区的语言。 3. 愿意表达自己的需要和想法，必要时能配以手势动作。 4. 能口齿清楚地说儿歌、童谣或复述简短的故事	1. 愿意与他人交谈，喜欢谈论自己感兴趣的话题。 2. 会说本民族或本地区的语言，基本会说普通话。少数民族聚居地区幼儿会用普通话进行日常会话。 3. 能基本完整地讲述自己的所见所闻和经历的事情。 4. 讲述比较连贯	1. 愿意与他人讨论问题，敢在众人面前说话。 2. 会说本民族或本地区的语言和普通话，发音正确清晰。少数民族聚居地区幼儿基本会说普通话。 3. 能有序、连贯、清楚地讲述一件事情。 4. 在讲述时能使用常见的形容词、同义词等，语言比较生动

教育建议

（1）为幼儿创造说话的机会并体验语言交往的乐趣。

• 每天有足够的时间与幼儿交谈。如谈论他感兴趣的话题，询问和听取他对自己事情的意见等。

• 尊重和接纳幼儿的说话方式，无论幼儿的表达水平如何，都应认真地倾听并给予积极地回应。

• 鼓励和支持幼儿与同伴一起玩耍、交谈，相互讲述见闻、趣事或看过的图书、动画片等。

• 方言和少数民族地区应积极为幼儿创造用普通话交流的语言环境。

幼儿语言交流

（2）引导幼儿清楚地表达。

• 和幼儿讲话时，成人自身的语言要清楚、简洁。

• 当幼儿因为急于表达而说不清楚的时候，提醒他不要着急，慢慢说；同时，要耐心倾听，给予必要的补充，帮助他厘清思路，并清晰地说出来。

目标3　具有文明的语言习惯

3～4岁	4～5岁	5～6岁
1. 与别人讲话时知道眼睛要看着对方。	1. 别人对自己讲话时能回应。 2. 能根据场合调节自己说话声音的大小。	1. 别人讲话时能积极主动地回应。

单元一　幼儿语言教育的一般原理

续表

3～4岁	4～5岁	5～6岁
2.说话自然，声音大小适中。 3.能在成人的提醒下使用恰当的礼貌用语	3.能主动使用礼貌用语，不说脏话、粗话	2.能根据谈话对象和需要，调整说话的语气。 3.懂得按次序轮流讲话，不随意打断别人。 4.能依据所处情境使用恰当的语言。如在别人难过时会用恰当的语言表示安慰

教育建议

（1）成人注意语言文明，为幼儿做出表率。如：

- 与他人交谈时，认真倾听，使用礼貌用语。
- 在公共场合不大声说话，不说脏话、粗话。
- 幼儿表达意见时，成人可蹲下来，眼睛平视幼儿，耐心听他把话说完。

（2）帮助幼儿养成良好的语言行为习惯。如：

- 结合情境提醒幼儿一些必要的交流礼节。如对长辈说话要有礼貌，客人来访时要打招呼，得到帮助时要说"谢谢"等。
- 提醒幼儿遵守集体生活的语言规则，如轮流发言，不随意打断别人讲话等。
- 提醒幼儿注意公共场所的语言文明，如不大声喧哗。

幼儿语言交流

②阅读与书写准备。

目标1　喜欢听故事，看图书

3～4岁	4～5岁	5～6岁
1.主动要求成人讲故事、读图书。 2.喜欢跟读韵律感强的儿歌、童谣。 3.爱护图书，不乱撕、乱扔	1.反复看自己喜欢的图书。 2.喜欢把听过的故事或看过的图书讲给别人听。 3.对生活中常见的标识、符号感兴趣，知道它们表示一定的意义	1.专注地阅读图书。 2.喜欢与他人一起谈论图书和故事的有关内容。 3.对图书和生活情境中的文字符号感兴趣，知道文字表示一定的意义

教育建议

（1）为幼儿提供良好的阅读环境和条件。如：

· 提供一定数量、符合幼儿年龄特点、富有童趣的图画书。

· 提供相对安静的地方，尽量减少干扰，保证幼儿自主阅读。

（2）激发幼儿的阅读兴趣，培养阅读习惯。如：

· 经常抽时间与幼儿一起看图书、讲故事。

· 提供童谣、故事和诗歌等不同体裁的儿童文学作品，让幼儿自主选择和阅读。

· 当幼儿遇到感兴趣的事物或问题时，和他一起查阅图书资料，让他感受图书的作用，体会通过阅读获取信息的乐趣。

（3）引导幼儿体会标识、文字符号的用途。如：

· 向幼儿介绍医院、公用电话等生活中的常见标识，让他知道标识可以代表具体事物。

· 结合生活实际，帮助幼儿体会文字的用途。如在买来新玩具时，把说明书上的文字念给幼儿听，了解玩具的玩法。

为幼儿提供良好的阅读环境

目标2 具有初步的阅读理解能力

3～4岁	4～5岁	5～6岁
1. 能听懂短小的儿歌或故事。 2. 会看画面，能根据画面说出图中有什么，发生了什么事等。 3. 能理解图书上的文字是和画面对应的，是用来表达画面意义的	1. 能大体讲出所听故事的主要内容。 2. 能根据连续画面提供的信息，大致说出故事的情节。 3. 能随着作品的展开产生喜悦、担忧等相应的情绪反应，体会作品所表达的情绪情感	1. 能说出所阅读的幼儿文学作品的主要内容。 2. 能根据故事的部分情节或图书画面的线索猜想故事情节的发展，或续编、创编故事。 3. 对看过的图书、听过的故事能说出自己的看法。 4. 能初步感受文学语言的美

教育建议

（1）经常和幼儿一起阅读，引导他以自己的经验为基础理解图书的内容。如：

· 引导幼儿仔细观察画面，结合画面讨论故事内容，学习建立画面与故事内容的联系。

单元一 幼儿语言教育的一般原理

- 和幼儿一起讨论或回忆书中的故事情节，引导他有条理地说出故事的大致内容。
- 在给幼儿读书或讲故事时，可先不告诉名字，让幼儿听完后自己命名，并说出这样命名的理由。
- 鼓励幼儿自主阅读，并与他人讨论自己在阅读中的发现、体会和想法。

（2）在阅读中发展幼儿的想象和创造能力。如：

- 鼓励幼儿依据画面线索讲述故事，大胆推测、想象故事情节的发展，改编故事部分情节或续编故事结尾。
- 鼓励幼儿用故事表演、绘画等不同的方式表达自己对图书和故事的理解。
- 鼓励和支持幼儿自编故事，并为自编的故事配上图画，制成图画书。

（3）引导幼儿感受文学作品的美。如：

- 有意识地引导幼儿欣赏或模仿文学作品的语言节奏和韵律。
- 给幼儿读书时，通过表情、动作和抑扬顿挫的声音传达书中的情绪情感，让幼儿体会作品的感染力和表现力。

目标3　具有书面表达的愿望和初步技能

3～4岁	4～5岁	5～6岁
喜欢用涂涂画画表达一定的意思	1. 愿意用图画和符号表达自己的愿望和想法。 2. 在成人提醒下，写写画画时姿势正确	1. 愿意用图画和符号表现事物或故事。 2. 会正确书写自己的名字。 3. 写画时姿势正确

教育建议

（1）让幼儿在写写画画的过程中体验文字符号的功能，培养书写兴趣。如：

- 准备供幼儿随时取放的纸、笔等材料，也可利用沙地、树枝等自然材料，满足幼儿自由涂画的需要。
- 鼓励幼儿将自己感兴趣的事情或故事画下来并讲给别人听，让幼儿体会写写画画的方式可以表达自己的想法和情感。
- 把幼儿讲过的事情用文字记录下来，并念给他听，使幼儿知道说的话可以用文字记录下来，从中体会文字的用途。

（2）在绘画和游戏中做必要的书写准备，如：

· 通过把虚线画出的图形轮廓连成实线等游戏，促进手眼协调，同时帮助幼儿学习由上至下、由左至右的运笔技能。

· 鼓励幼儿学习书写自己的名字。

· 提醒幼儿写画时保持正确姿势。

让幼儿体验书写快乐

（3）幼儿语言教育的具体活动目标。

幼儿园语言教育的具体活动目标是幼儿园教师根据幼儿园教育总目标和语言教育具体目标要求自己制定的某一具体教育活动的目标，这一目标既可以是一次教学活动中要完成的任务，也可以是一系列主题单元活动的目标。但是无论哪一种类型的活动都含有一定的要求，并通过教师的活动计划和教学实践得以体现。

具体活动目标要与教育总目标和语言教育具体目标相一致，活动目标的表述可以从不同角度进行：一是从教师的角度，指明教师应该进行的工作或者应该达到的教育效果，所以常用"培养……""教育……""引导……""要求……"等方式表述。如："帮助幼儿形成'听清楚了再回答'的倾听表述习惯；鼓励幼儿大胆地表达自己的真实想法……"二是从幼儿的角度进行表述，指明的是幼儿通过教育应该达到的水平。所以常用"感受……""能够……""参与……""理解……"等方式表述。如："能仔细观察画面，运用较丰富的词汇、语言完整地进行讲述。"

如中班语言"娃娃"活动目标：

①指导幼儿用描述性的语言，完整、连贯地讲述"娃娃"。

②启发幼儿通过有趣的"猜猜谁不见了"的"改错"游戏，对"娃娃"进行由特殊到一般的有序感知、讲述。

③帮助幼儿形成"听清楚了再回答"的倾听表述习惯。

以上案例中所表述的目标均是从教师的角度加以阐述的。

又如大班讲述活动教案"老鼠找房子"活动目标：

①能仔细观察画面，根据画面表现的内容进行初步的判断、想象。培养观察和想象能力。

②学习用"因为……所以……"的句式完整、连贯地表达自己的想法。

③能大胆讲述，愿意与同伴分享交流。

在该案例中所表述的目标则是从幼儿的角度加以阐述的。

需要注意的是：

第一，教学活动目标的主语变化。随着幼儿园语言教育改革的不断深化，语言教育从注重教师的"教"逐渐转向关注幼儿的"学"，以往"教师为主语"的教学目标逐渐退出了历史的舞台，以"幼儿为主语"的教学目标成为主流导向，而且，是否"以幼儿为中心"的教学目标也成为一些幼教考试、面试等活动的考核标准。

第二，教学活动目标的引导功能。整个教学活动过程都受到教学活动目标指导和支配；换言之，整个教学活动过程都是为了实现教学活动目标而展开。因此，如果教学活动目标科学、合适、精准，就会引导出有效的教学活动，否则就会导致无效的教学活动。

第三，教学活动目标的检测功能。教学活动目标作为预设的教学活动结果，当然是测量、检查、衡量教学活动成功与否，效果如何的尺度或标准。因此，教学活动的每一项目标在教学活动的过程中都是可以一一检测到的。

在常见的教学活动设计中，目标的内容要全面。要能促进幼儿的认知、情感态度和能力的发展。教师在分析教材时要充分挖掘其多方面的教育价值，如案例"（谈话活动）我的家乡"。从认知方面，老师提出的目标是"学习用完整的句子连贯叙述自己家乡的自然风景和城市建设，会用'有……有……'句式"；从能力方面提出的目标是"学会基本的谈话规则，知道在不同场合会用不同音量和不同语言表述自己的见解"；从情感态度方面提出的目标是"通过谈话，增进对家乡的了解，激发爱家乡的情感"。所以目标的内容包括认知、技能、情感三个领域。

2. 幼儿园语言教育的活动分类目标

不同类型的幼儿园语言教育活动的目标侧重点也有所不同，以下就不同类型的语言教育活动目标进行分别阐述。

（1）文学作品学习活动目标。

文学作品学习活动是通过欣赏文学作品来学习语言的语言教育活动类型，目标主要有：

①要求幼儿积极参加文学活动，乐意欣赏文学作品，知道文学作品有童话故事、诗歌和散文等体裁；

②感受文学作品的语言美，培养对艺术语言的敏感性；

③理解文学作品内容，学习用语言和非语言的表现形式表达自己对某个文学作品的理解；

④根据文学作品所提供的线索，进行创造性想象，并用口头语言表达自己的经验和想象。

(2) 谈话活动目标。

谈话活动是培养幼儿在一定范围内运用语言与他人进行交流的语言教育活动类型，目标主要有：

①学会倾听他人的谈话，逐步掌握几种倾听技能；

②学习围绕一定的话题谈话，充分表达个人见解，培养口语表达能力；

③学习运用语言进行交流的基本规则，提高语言交往水平。

(3) 讲述活动目标。

讲述活动是以幼儿语言表述行为为主的语言教育活动类型，目标主要有：

①感知与理解讲述对象的能力；

②独立构思与清楚完整表述的能力；

③掌握语言交流的情绪度和调节技能。

(4) 早期阅读活动目标。

幼儿园的早期阅读活动是帮助幼儿接近书面语言的教育过程，目标主要有：

①学习书面语言的兴趣；

②初步认识书面语言和口头语言的对应关系，懂得书面语言学习的重要性；

③掌握早期阅读的技能。

(5) 语言游戏目标。

语言游戏是采用游戏的方式开展的语言教育活动，目标主要有：

①按照一定规则进行口语表达练习；

②积极倾听；

③在语言交往中的机制性和灵活性，锻炼迅速领悟语言规则的能力，迅速调动个人已有的语言经验编码的能力，以及迅速用符合规则要求的方式进行表达的能力。

学前儿童语言教育目标分类结构

课堂小练

结合幼儿故事《大熊有一个小麻烦》，写一节大班语言教学活动的目标。

要求：

1. 目标表述角度一致。

2. 目标内容完整，包括认知、情感和技能三个领域。

故事《大熊有一个小麻烦》

附故事：《大熊有一个小麻烦》

"我有一个小麻烦，"大熊说，"我能不能打扰您一会儿？"

"当然可以！欢迎您来我的工作室！"小发明家说，"我一看就知道，您要的是什么。一只像您这样身体超重的大熊，肯定需要点东西来让自己的旅途更轻松。给，这里就有一个现成的好装备。"

他迅速地从墙上取下了一副小翅膀，把它绑在了大熊的后背上。

"啊……"大熊愣了一会儿，什么也没说出口。

然后，他迈开小步，继续往前走。

"我有一个小麻烦，"大熊说，"我能不能……"

"请进，请进！"小裁缝招呼着，"啊，您已经有了这么一双漂亮的小翅膀，又个性又时尚！不过，要是有一条围巾和翅膀搭配会更棒，我这就给您添补上。"

她熟练地做了一条长长的红围巾，用它围住了大熊的粗脖颈。

故事中的大熊

"啊……"大熊愣了一会儿，什么也没说出口。

然后，他迈开小步，继续往前走。

"我有一个小麻烦，"大熊说，"我能不能……"

"您不知道要选哪顶帽子！嘿，一看您的样子，我就知道您需要的是什么帽子！"小帽商一边大叫，一边在帽子店里东翻西找，"您适合哪个款式，我全知道！什么也别说！这样一个脑袋，绝对要精心照顾好。我这里有点东西，就像是特意为您打造的！"

他飞快地从架子上翻出来一顶皇冠形状的大帽子，用它扣住了大熊的耳朵根子。

"啊……"大熊愣了一会儿，什么也没说出口。

然后，他迈开小步，继续往前走。

"我有一个小麻烦，"大熊说，"我能不能……"

"不用担心！不用客套！要配一副合适的眼镜，您找我就算走对了门！"

大熊还没回过神，眼镜店的小验光师已经给他套上了一副红色眼镜。

"啊……"大熊愣了一会儿，什么也没说出口。

然后，他迈开小步，继续往前走。

大熊走到一座小山上，停下了步子。他看看草地，看看原野，还有山脚下的城市。就这样，看了几个小时，他觉得有点儿累了。大熊卸下了他的小翅膀，摘掉了脑袋上的帽子和鼻梁上的眼镜，解开了脖子上的围巾。然后，他轻轻发出一声长叹。

"您怎么啦？"他耳边的一个小声音问。那是一只停在草茎上的小苍蝇，她正好

奇地望着大熊的眼睛。

"别提了，"大熊说，"没有谁乐意听我说些什么。"

"我乐意听，我正在听，"小苍蝇说，"那么，究竟出了什么事情？"

"我有一个小麻烦，"大熊说，"我害怕独自一个，睡在黑乎乎的山洞里面。可是，这周围没有一只我认识的熊，也没有一个朋友，愿意和我一起住在山洞里。我一整天都过得不安心，就怕黑夜早早降临。"

"这可的确是个麻烦。"小苍蝇说，"可您既然遇到了我，这件事情也很好办。我正巧在找一个可以安家的新房子，而大熊的山洞听上去非常有意思。那好，就算上我这个房客！你觉得好不好呢？"

"啊……"大熊愣了一会儿，终于开口说，"现在，我觉得心情好多了。有你陪着我，这可真不错！"

小苍蝇坐在大熊的左肩上，哼起轻快的歌曲。

然后，他们就一起有说有笑，往回家的方向走去。

三、幼儿园语言教育的内容

幼儿园语言教育的内容是特指幼儿园传授给幼儿的语言形式、语言内容和语言运用的总和。幼儿园语言教育内容的确定是有一定依据的，要符合一定的规律。一方面，要体现教育内容是为实现教育目标服务的，因此，语言教育内容应该根据教育目标来选择；另一方面，语言教育内容的目的是促进幼儿的语言发展服务的，因此，语言教育内容还应该根据幼儿心理发展和语言发展的特点及其规律来选择。

幼儿语言教育的内容

幼儿语言教育的内容可分为以下几个部分：第一，帮助幼儿学习本民族的语言符号系统，在我国主要指现代汉语（普通话）的语音、词汇、语法及表达方式等；第二，帮助幼儿学会运用语言，其中包括语言的功能、语言交际规则等，也包括语言运用能力的实践训练。此外，由艺术语言构成的文学作品也是幼儿语言教育的一项重要内容。

如何选择学前儿童语言教育活动内容

专门的语言教育内容主要包括文学作品学习活动、谈话活动、讲述活动、早期阅读和语言游戏等几个方面，这也是我国目前幼儿语言教育中经常采用的、最基本的教育内容。

（1）文学作品学习活动。

幼儿文学作品学习活动是以幼儿文学作品为基本教育内容而设计组织的语言教育活动，它

单元一　幼儿语言教育的一般原理

从一个具体的文学作品教学入手，围绕着这个作品展开一系列相关的活动，帮助幼儿理解文学作品所展示的丰富、优美的艺术语言和生动、有趣的情节。这是幼儿园语言教育的重要内容。

具体内容有：①聆听与感受文学作品；②朗诵与表现文学作品；③仿编与创作文学作品。

举例：故事《小乌龟开店》、散文《秋天的雨》、诗歌《家》。

（2）谈话活动。

谈话是人与人之间运用问答、对话的语言手段进行交往的一种基本能力。包括集体交谈和个别交谈，前者是后者发展的基础。谈话在培养语言交际意识、情感、能力方面有特别重要的意义。幼儿园的谈话活动是一种有目的、有计划的组织幼儿学习的语言教育活动。这种活动旨在创造一个良好的语言环境，帮助幼儿学习倾听别人的谈话，围绕一定的话题进行谈话，习得与别人交流的方式、规则，培养与人交往的能力。

具体内容有：围绕主题交谈；交流信息谈话；分享经验谈话。

举例：我喜欢的糖果、我的妈妈、压岁钱、谁的本领大。

（3）讲述活动。

讲述是指运用完整的句子、连贯的语言，围绕一个主题描述事物、表达思想。讲述时运用的是独白语言，是比谈话更为复杂、周密的一种口语表达形式，是我国幼儿园语言教育中颇具特色的一种教育内容。

具体内容有：①实物讲述和图片讲述；②情景讲述；③生活经验讲述。

举例：实物讲述"我的文具盒"；图片讲述"拔河"；生活经验讲述"快乐的春节"。

（4）早期阅读活动。

早期阅读是指幼儿对简单的文字、图画、标记等的阅读活动，其中包括知道图书和文字的重要性，愿意阅读图书和汉字，学习初步的阅读和书写的准备技能等，早期的阅读是幼儿由口头语言向书面语言过渡的前期阅读准备和前期书写准备，是理解口语与文字之间关系的重要经验。

具体的内容有：前图书阅读经验；前识字经验；前书写经验。

举例：绘本阅读《母鸡萝丝去散步》《鳄鱼怕怕，牙医怕怕》《好饿的小蛇》。

（5）语言游戏。

语言游戏是智力游戏的一种，是在教师组织指导下以发展幼儿语言为主要目的的一种规则性游戏，它是一种语言教育活动。语言游戏不是幼儿自发组织的游戏，而是由教师设计组织的，幼儿有兴趣自愿参加的教学游戏，语言游戏主要是培养幼儿倾听与表达的能力，即"听"和"说"的能力，所以语言游戏又称为"听说游戏"。

"情感态度、方法技能、认知"三维目标

具体内容有：语音游戏；词汇游戏；句子游戏；描述性游戏；早期阅读游戏。

举例：语音游戏"听指挥"、词汇游戏"看动作说词语"、句子游戏"传话游戏"、描述性游戏"动物猜猜乐"。

> **课堂小练**
>
> 　　分组搜集不同类型的语言教学活动视频并分享，形成对语言教学的感性认知，运用所学知识简要对教学视频进行分析，例如：
>
> 属于什么类型的语言教学活动？属于什么年龄阶段的教学活动？
>
> 活动开展：
>
> 1. 分组介绍。推荐的活动案例，重点说明推荐理由。
> 2. 其他组进行评析，说一说印象最深刻的一则案例，简要说明原因。

四、幼儿语言教育的方法

　　教学方法是指为了完成一定的教学任务，教师与幼儿在共同教学活动中采用的手段。教学方法是随着教学活动的出现而逐渐发展起来的。现代化的教学手段的运用以及生理学、心理学的不断发展，也为教学方法的发展提供了更好的条件。依据幼儿语言发展的特点以及幼儿语言教育的基本规律，幼儿语言教育的方法，实质上就是指成人为发展幼儿的语言创设条件和提供机会，让幼儿参与各种丰富多彩的活动，支持、鼓励、吸引幼儿在与人、物、环境、材料等交互作用的过程中，学习语言、发展语言。根据幼儿语言教育的内容，常用的幼儿园语言教育方法有示范模仿法、视听讲做结合法、游戏法、表演法和练习法等。

1. 示范模仿法

　　示范模仿法是指教师通过自身的规范化语言，为幼儿提供语言学习的样板，让幼儿始终在良好的语言环境中自然地模仿学习，有时也可以由语言发展较好的幼儿来示范。

　　如大班实物讲述活动"照片的故事"：

　　由教师首先示范讲述自己照片的故事。

　　"这是我和我的孩子在泰山旅游时拍的一张照片。放假的时候，我和我的孩子来到了泰山。泰山是一座很高的山，我们沿着台阶向上爬，一路上看到了茂盛的树木、绿绿的草和五颜六色的花，最有趣的是山上的石头，有的像小猴子，有的像老虎，有的像大象，真是好玩极了！我们爬了好长时间，终于爬到山顶了。我们高兴地说：'我们爬到山顶了，我们胜利了！'"

幼儿语言教育方法

　　然后启发、引导幼儿用连贯、完整的语言讲述各类照片，感受照片所表现的不同内容，体验大胆讲述、与人交流的快乐。

这一方法的具体运用：

①教师的示范语言一定要规范到位。幼儿教师说话时，除了咬字清楚、发音准确、辅以自然的表情和恰当的手势外，还要注意语言的表达，包括运用适当的音量、语调、速度等。教师的言语示范必须做到正确、清楚、响亮，而且要富于表现力和感染力。

②教师要把握好示范的时机和力度。语言教育中一些新的、幼儿不易掌握的学习内容，教师要反复地重点示范，如难发准的音（浙江人学习翘舌音、安徽人学习n和l）、新词句的学习、人物的对话、连贯的讲述，需要幼儿作为仿编参照的原词句等，让幼儿有意识地进行模仿学习。

③教师要恰当地运用"显性示范"和"隐性示范"的手段。语言教育中教师要恰当地处理好"显性示范"和"隐性示范"两种手段的运用。对于教学重点和难点问题，依据幼儿语言发展的水平和特点必须恰当地选用不同的示范方法。

④教师要积极观察幼儿的语言表现，妥善地运用强化原则。教师要关注在各种活动中幼儿的语言表现，善于发现幼儿语言发展的差异，给予因材施教。要随时鼓励幼儿正确的语言行为和习惯，并加以强化。同时也要及时地指出错误，尽量避免重复幼儿不正确的语言，产生误导。但也要避免过于挑剔幼儿语言中的错误，导致幼儿学习的积极性降低。

2. 视听讲做结合法

视听讲做结合法是依据"直观法"和"观察法"以及结合幼儿语言学习的特殊性而提出的。所谓"视"是指教师提供具体形象的讲述对象；所谓"听"是指教师用语言描述、启发、引导、暗示、示范等，让幼儿充分地感知与领会；所谓"讲"是指幼儿在感知理解的基础上，充分地表述个人的认识；所谓"做"是指教师给幼儿提供一定的想象空间，通过幼儿的参与或独立地操作活动，帮助幼儿充分地构思，从而组织起更加丰富、连贯、完整、富有创造性的语言进行表述。

如大班实物讲述活动"照片的故事"：

教师教学环节安排如下：

①创设情境，组织幼儿参观照片，相互交流照片的内容。

②教师示范讲述自己照片的故事。

③启发、引导幼儿用连贯、完整的语言讲述各类照片，感受照片所表现的不同内容，体验大胆讲述、与人交流的快乐。

④分类整理，制作班级相册，共享照片的故事。

这一方法的具体运用：

①教师所提供的语言教育辅助材料，应该是幼儿接触过的、较熟悉的或符合幼儿认识特点的内容；

②教会幼儿观察被讲述对象的方法，给幼儿留存一定的观察时间和空间；

③教师的提问要有顺序性、启发性，帮助幼儿构思与表述；

④根据幼儿的语言实际水平，提出不同的表述要求，要求幼儿在动手、动脑、动口的学习中获得语言经验。

3. 游戏法

游戏法是指教师运用有规则的游戏，训练幼儿正确发音，丰富幼儿词汇和学习句式的一种好方法。游戏是最符合幼儿年龄特点的活动，运用游戏方法进行教育是幼儿语言教育中常见的活动方式之一。目的在于提高幼儿学习兴趣，集中幼儿的注意，促进幼儿各种感官和大脑的积极活动。

游戏法

如幼儿小班听说游戏"白鹅和狐狸"：

①（教师介绍游戏方法）师：这个游戏还有一种很好玩的方法。我来当鹅妈妈，那谁是我的小白鹅呢？我的小白鹅会一个本领，会说：我是小白鹅，我会唱歌。游戏开始，小白鹅边念儿歌，边跟着妈妈去散步。念完儿歌后，当听到妈妈喊：狐狸来了，小白鹅们要赶快跳到小河里面去，不然就会被狐狸抓住的。

②师幼共同游戏。

③请个别幼儿当狐狸进行游戏。

这一方法的具体运用：

①根据幼儿语言教育目标和内容选择和编制游戏，要求目标明确，规则具体，便于幼儿理解，达到训练语言能力的目的；

②在运用游戏法的同时，可配合使用教具或学具。

4. 表演法

表演法是指在教师的指导下，幼儿学习表演文学作品，以提高口语表现力的一种方法。这一方法在具体运用时教师必须在幼儿理解诗歌、散文、绕口令等作品内容，并能熟练朗读的基础上，鼓励幼儿在故事表演中创新内容和增加情节与对话，大胆发展故事情节，并努力为全体幼儿提供参与表演的机会。

如幼儿园小班表演游戏"小红帽"。幼儿在理解文学作品的基础上，能够用故事中的语言创造性地表演，教师要引导、鼓励幼儿自主分配角色，学会合作表演。

5. 练习法

练习法是指有意识地让幼儿多次使用同一个言语因素（如语音、词汇、句子等）或训练幼儿某方面语言技能技巧经常采用的一种方法。在幼儿语言教育中，口头练习是大量的。如：大班幼儿语言练习活动，引导幼儿造句"谁在什么地方做什么"的句式；培养幼儿完整句的表达能力。

22

这一方法的具体运用：

①明确练习的要求，逐步提高练习的要求；

②要求幼儿在理解内容的基础上，具有独创性地练习，避免简单、枯燥的重复；

③练习方式应生动活泼，形式变换多样，从而调动幼儿练习的积极性。

以上列举的几种方法是幼儿园语言教育中常见的，教师在实际运用的过程中，还需结合本班幼儿语言发展和语言学习的特点，选择和创造更为恰当的教育方法。有时，各种语言教育方法可以互相配合，交叉使用或互相补充，综合运用，以便更好地促进幼儿语言的发展。

两种儿童语言教育方法-示范模仿法和游戏法

课堂小练

观看上海名师应彩云老师的授课视频《粽子里的故事》，记录授课过程，分析其运用了哪些教学方法？

案例分享

案例一　大班语言活动《我骄傲，我是中国娃》

● **活动目标：**

（1）了解祖国与家乡值得骄傲的事物，感受作为一名中国人的自豪感。

（2）通过学习诗歌，培养安静倾听的能力，促进语言表达能力。

（3）理解诗歌三段分别表达的内容与含义，学会有感情地朗诵诗歌。

● **活动准备：**

（1）经验准备：幼儿提前了解祖国的名胜古迹和名人名事。

（2）物质准备：自制PPT、神舟七号发射视频、奥运会颁奖视频、背景音乐。

● **活动重难点：**

重点：学会有感情地朗诵诗歌，激发作为一名中国人的自豪感。

难点：理解诗歌三段分别表达的内容与含义。

● **活动过程：**

1. 利用情境创设"旅游"，导入活动

师：各位小游客，大家好！我是本次旅行团的导游，今天我将带领大家去游览一下祖国的大好河山，感受祖国值得我们骄傲的事情！马上要去旅游了，你现在的心情怎样呢？（高兴、开心……）旅游的过程中，我们应该怎么样做才是一名文明小游客？

小结：在游览的过程中要保持安静，爱护我们的旅游景点。

2. 利用创设的情境，分段学习诗歌，引导幼儿理解诗歌表达的内容与含义

（1）引导幼儿了解中国人的外貌特征。

提问：我们是哪国人？中国人和外国人有什么不一样的地方呢？（教师引导幼儿分别从头发、眼睛、皮肤等地方观察中国娃和外国娃的不同）

提问：小朋友，我们的头发是什么样子的啊？（乌黑整齐、乌黑亮丽、浓密茂盛、乌黑茂密、蓬松自然、秀发柔美、披肩、乌黑油亮、浓密柔顺、乌黑卷曲、滑腻柔软）

小结：我有一双黑色的眼睛，我有乌黑浓密的头发，我有一身黄色的皮肤，我生长在东方华夏。我骄傲，我是中国娃。

（2）引导幼儿了解中国的名胜古迹。

① 游览珠穆朗玛峰——世界上海拔最高的山峰。

提问：小朋友，你们看，现在我们来到了什么地方？你知道珠穆朗玛峰有多高吗？

小结：珠穆朗玛峰是世界海拔最高的山峰，高度约为8848米，山顶上有终年不化的积雪。

提问：你觉得珠穆朗玛峰像我们身体的哪个地方？

小结：因为山又高又直，珠穆朗玛像我挺直的脊梁。

② 游览泰山，幼儿欣赏，直观感受泰山壮美的自然景观，真切地感受泰山的力与美。

提问：现在我们来到了什么地方？你知道关于泰山的哪些小知识呢？你觉得它像什么？

小结：泰山位于我们山东省泰安市，被称为"五岳之尊"，巍峨泰山像我坚实的臂膀。

③ 认识万里长城——是世界上最长的城墙。

提问：小朋友们，这是哪里？万里长城有什么特点？万里长城像什么？

小结：古时候，为了抵御敌人的侵略，我们修筑了万里长城，它是世界上最长的城墙。万里长城像我伸展的手臂，保护着中国。

④ 认识黄河、长江，对比讲解黄河和长江的不同特点。

提问：你知道黄河的水是什么颜色的吗？为什么？

小结：黄河在流经黄土高原的时候，携带了很多泥沙，所以它的水是黄色的，长江的水要清一些！黄河和长江养育了一代又一代的中国人，它们被称为中国的母亲河，她哺育我们茁壮成长。

（3）了解值得中国骄傲的时刻，激发幼儿做一个中国人的自豪感。

① 宇宙飞船发射，让幼儿直观感受我国航天事业的伟大。

提问：小朋友们，这是什么？

单元一　幼儿语言教育的一般原理

小结：我国神舟七号宇宙飞船发射成功了，以后我们能够在太空生活了，我们的科学家和航天员们实在太伟大了！当宇宙飞船发射成功，我很骄傲。

②升国旗，奏国歌，让幼儿感受嘹亮的国歌响彻四方的激情，体验作为中国娃的自豪感和骄傲感。

提问：小朋友们，我们的国旗叫什么？你知道我们在什么时候才会升国旗，奏国歌吗？

小结：国歌是在重要的庆典或者正式的外交场合才能播放，让我们一起来感受一下吧！

播放国歌，师幼一起体验升国旗，奏国歌。

③认识我国获得诺贝尔奖屠呦呦奶奶。

提问：你们认识图片上的人吗？

这是屠呦呦，她获得了诺贝尔医学奖，莫言获得了诺贝尔文学奖。他们都是中国人，你们骄傲吗？

小结：诺贝尔奖是一个很重要的奖项，每年全世界大约6亿人中只有一人可以获得。当中国获得诺贝尔奖，我很骄傲。

3.学习有感情地朗诵诗歌

提问：小游客们，游览了这么多地方，你心里有什么样的感觉？今天把我们的游览中发现的事情编成了一首好听的诗歌，我请小游客们欣赏一下。我给大家提一个小小的要求：在欣赏诗歌的时候要做到安安静静，认真听。

（1）利用课件，完整欣赏，加深对诗歌的理解。

提问：诗歌的名字是什么？诗歌里提到了哪些值得我们骄傲的地方？

（2）利用图谱，在理解诗歌的基础上引导幼儿尝试朗诵诗歌。

师：让我们一起试着朗诵诗歌《我骄傲，我是中国娃》！

小结：我真为你们骄傲。大家的声音真好听，那我们中国有这么多值得骄傲的地方，你觉得我们应该用什么样的语气来读诗歌？让我们配上优美的音乐加上骄傲自豪的语气再来朗诵一遍吧！（诗歌背景音乐）

4.播放课件，进一步激发幼儿的爱国情感

师：除了诗歌中提到的这些地方，我们中国还有许多的名胜古迹，值得我们骄傲，天安门广场是世界上最大的广场。它坐落在我国首都北京的市中心，在这里举行过开国大典，它是现代中国的象征。

故宫：北京故宫是世界上现存规模最大，保存最为完整的木质结构古建筑之一。

桂林：桂林山水甲天下，桂林山水的美也是举世公认，游客来到桂林，都会被这里的山水之美所折服的。

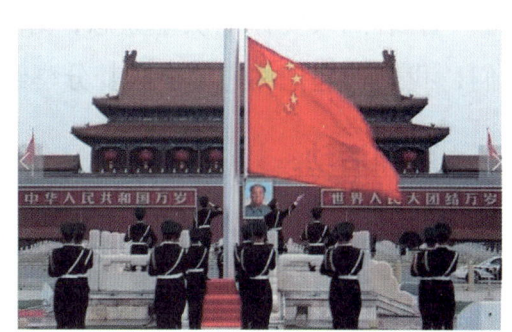

苏州园林：苏州园林精致、秀丽，是中华园林文化的骄傲。

提问：作为中国人，我们心中都有一个中国梦，你的中国梦是什么呢？

小结：只要你们从小立志，好好读书，我相信你们一定能够实现自己的中国梦。小游客们，我们一起把你们的中国梦分享给更多的人吧！（背景音乐）

延伸活动：

利用自由活动时间或亲子时间，引导幼儿了解更多中国值得我们骄傲的地方。

附诗歌：

我骄傲，我是中国娃

我有一双黑色的眼睛，我有乌黑浓密的头发，我有一身黄色的皮肤，我生长在东方华夏。我骄傲，我是中国娃！

珠穆朗玛像我挺直的脊梁，巍峨泰山像我坚实的臂膀。万里长城像我伸展的手臂，黄河长江哺育我茁壮成长。我骄傲，我是中国娃！

当宇宙飞船发射成功，当五星红旗迎风飘扬，当中国获得诺贝尔奖，当嘹亮的国歌响彻四方。我骄傲，我是中国娃！

案例二　实物讲述：我的文具盒（大班）

设计意图：

站在幼儿面前，最引发我注意的是他们的文具盒。那各式各样的文具盒常诱我不由自主地端详，体积较小的文具盒外形玲珑别致，且携带之便；体积较大的文具盒雍容华贵，且具有容纳的功能；素的文具盒力显淡雅且秀色宜人，艳的文具盒尽抒缤纷绚丽夺目；简洁的文具盒通体一目了然，却以装潢取胜。为此我设计了教学活动"我的文具盒"。

实物讲述：我的文具盒

活动目标：

（1）能用完整、连贯的语言介绍文具盒。

（2）在教师的示范指导下，能按照一定顺序介绍文具盒的外形和功能。

（3）认真倾听教师的讲述，尝试发现讲述的不同之处。

活动准备：

布置"文具盒"商店，包括：实物投影仪一台、图标（形状、颜色、图案、功能）黑板、电视机布和篓子。

单元一　幼儿语言教育的一般原理

●活动过程：

1. 谈话导入

老师："小朋友们，你们马上就要成为一年级的小学生了，高兴吗？（高兴）上小学要准备什么呀？"

2. 感知理解讲述对象

（1）老师："你们知道这是什么？（文具盒）

这是什么形状？什么颜色？什么图案呢？

文具盒有什么用途呢？"（装铅笔、橡皮）

（2）幼儿自由参观"文具盒"商店，每人选择一个自己最喜欢的文具盒回到座位。

老师："你们想不想要一个属于自己的文具盒呢（想）。啃——啃——啃，有这么多文具盒呀！现在我们请小朋友们轻轻地上来选一个自己喜欢的文具盒。"

3. 运用已有经验讲述

（1）幼儿先与身旁的同伴自由交流自己选择的文具盒。

老师："好！每个小朋友都找到自己喜欢的文具盒了吧，现在我们和旁边的好朋友说一说你手中的文具盒吧！"

（2）个别讲述。

老师：谁愿意到前面来跟大家说一说。提示其他小朋友，别人在讲述的时候，我们的小观众们要认真听，尊重他们。

4. 引入新经验

（1）从实物投影仪里观察老师选择的文具盒，听老师用句式来介绍文具盒上的图案。

老师："我的文具盒的形状是××；颜色是××；图案有××、××，还有××；打开里面有放……我很喜欢我的文具盒。"

老师："我是怎么说的？我先讲的什么，然后说了什么，最后说了什么？"（根据幼儿的回答教师出示相应的图标帮幼儿获得新的讲述经验）

（2）幼儿自由练习按序讲述。

老师："现在我们再来按着顺序说一说你的文具盒，记住要先说形状、颜色，再说图案，最后说功能，别忘了介绍完以后说一说对他的喜爱。"

5. 迁移新经验

老师："老师还准备了一些文具，有铅笔、橡皮、刨刀和尺子。请你们每人选一样文具给老师和小朋友们介绍一下，记住要按刚才的顺序说。"

6. 结束活动

老师："今天，小朋友们把文具盒和文具介绍得很清楚，让大家都知道了你的文具盒和文具。可是小中班的弟弟妹妹们还不知道，我们去给他们说一说吧。"

● 活动反思：

这次活动，让我觉得教学活动确实能整合各种各样的内容，需要老师时刻有这种整合的理念。活动的选材一定要生活化，如果小朋友这次活动中没有实物，没有对文具盒的了解，是无法做到如此细致地比较的。因为所选择的题目是幼儿们生活中熟悉的，运用的方法也是贴近幼儿生活方式的，这样就让幼儿们在比比讲讲中学到了各种知识。

注：

教案来源：小精灵网站。

实践活动

项目 搜集整理并分析不同年龄、不同阶段类型幼儿语言教育目标

内容：请分组搜集整理不同年龄阶段、不同类型的幼儿语言教育活动目标。

要求：

（1）分析案例中目标表述的角度和语言的运用方式。

（2）整理小班、中班、大班三个教学目标，说一说不同年龄语言教育目标设计的差异，并分析原因。

（3）分析教学设计中目标制定的三个维度。

搜集整理并分析不同年龄、不同阶段类型幼儿语言教育目标

拓展延伸

教学活动方案的设计步骤

一个完整的教学活动设计方案，应该包括以下几个部分。

（1）**活动名称**：写清楚语言教育活动的具体类型，适合于何种年龄阶段，具体内容是什么？

（2）**设计思路**：简略概括本班幼儿语言发展水平、教材特点、活动中准备运用的方法和手段以及期望达到的教学效果。

（3）**活动目标**：写清楚通过本次活动应达到的具体目标和要求。

（4）**活动准备**：写清楚本次活动需要为幼儿做好的准备，包括经验准备和物质准备。

（5）**活动过程**：一个经过精心策划的完整活动过程在书写形式上应表明活动的起点和终点；清晰的活动过程、步骤以及与这些步骤相关的内容和组织形式；需要重点提出问题。

（6）**活动延伸**：设计出本次活动在课堂教学之外扩展和延伸的具体方式和要求，如其他领域中的渗透、活动区活动、户外游戏活动、家园共育等。

（7）活动评价： 设计好评价的标准和范围，增加语言教育的科学性和有效性，以便具体的教育活动结束后及时进行评价。

教育是可以预见其结果的一种实践活动，但也是一种具有随机创造性的实践活动。语言教育活动方案设计千万不能成为具体实践的桎梏，而应成为教师产生再创造的温床和土壤，那种将教师如何提问，幼儿如何回答的详细内容全都设计出来的做法是不可取的。

英、澳、中幼儿语言教育目标的比较研究（节选）

邱华翔　汤　钰

幼儿语言教育作为幼儿教育的重要组成部分，不仅关系到学前教育质量的优劣，也对幼儿的人生发展产生重要作用。在进行幼儿语言教育的过程中，教育目标发挥着纲领性的作用，是实施语言教育的方向和准则。英国拥有良好的早期阅读传统，而作为移民国家的澳大利亚具有多元文化和价值观，与我国的多民族国家国情相似，以上两个国家都重视发挥幼儿的主体性，特别强调对幼儿思维能力的训练，他们的经验值得我们借鉴。基于此，本文选取幼儿教育发达的英国和幼儿教育正在进行改革且较发达的澳大利亚的幼儿语言教育目标作为与中国相比较的对象。

延伸阅读

1. 英、澳、中幼儿语言教育目标简介

英、澳、中三个国家针对自己的文化传统和当今形势，制定了符合各自国家实际的幼儿语言教育目标。了解其基本情况，有助于我们更加客观地看待自身，进行准确的定位。

（1）英国幼儿语言教育目标概况。

英国《基础教育阶段法定框架》认为，每一个儿童都应该有很好的生命开端，支持他们发展自己的潜能。其宗旨是通过教师教学和幼儿主动学习，做好顺利入学的准备，在学校教育和日常生活中为幼儿未来的发展奠定基础。为了确保幼儿学习发展良好，保持健康和安全，该框架从学习、发展和保育方面，为从出生到 5 岁的幼儿制定了标准，把语言和沟通作为幼儿教育的三大主要领域之一，从听、注意、理解和说这四个方面对幼儿语言教育的目标做出规定，并在四个具体领域中首先对读写能力做出规定。在读的方面，要求幼儿能读和理解简单的句子，能用语音的经验来分析词汇的规律并准确大声地读出来，当和他人谈论他们听到的内容时能证明自己的理解。在写的方面，幼儿能用语音的经验来写词语，并使之与口语契合。另外，英国《基

础教育阶段实践指南》根据《基础教育阶段法定框架》制定，按照语言的沟通、思维、声音和字母的契合、阅读、书写和前书写这六个要素，对《基础教育阶段法定框架》进行解释和说明，同时为教师和家长提供指导。

（2）澳大利亚幼儿语言教育目标概况。

2007年12月，澳大利亚联邦政府与州及地方政府达成意向，准备在学前儿童教育领域进行重大改革。该改革以国家质量议程的形式出现，制定了"投资儿童早期"的发展战略。

2009年，澳大利亚政府间理事会发布《澳大利亚幼儿教育框架》旨在拓展和丰富幼儿从出生到5岁直至幼小衔接期间的学习成果。它特别重视基于游戏的学习，并充分认识到沟通与语言、社交与情感发展的重要意义。《澳大利亚幼儿教育框架》以"归属、存在和形成"的观点为基础，分阶段来看待儿童生活，支持《澳大利亚年轻人教育目标墨尔本宣言》中的目标，即澳大利亚所有青少年都能成为成功的学习者，充满创造力和自信心的个人以及积极的知情公民。该框架还强调，儿童在日常生活中为了达成各种目的而运用语言的重要性，并且注重幼儿使用语言方式的多样性，以口头及非口头方式与他人展开互动。不仅如此，它还要求儿童通过接触一系列的文本材料理解意义，利用一系列的媒介来表达想法、形成观点，开始理解符号和图案系统的运作方式，利用信息通信技术来获取信息、调查想法和表达思维。

延伸阅读

（3）我国幼儿语言教育目标概况。

我国2001年颁布的《幼儿园教育指导纲要（试行）》把学前教育作为终身教育的奠基阶段，旨在为幼儿园深入实施素质教育提供指导，对3~6岁幼儿的语言教育目标做出了规定。该纲要在语言教育方面分为三个层次，对幼儿园语言教育的总目标、年龄阶段目标和语言教育活动的目标分别做出了规定，从倾听、表述、欣赏文学作品、早期阅读这四个方面进行了阐述。2012年9月，为了深入贯彻《国家中长期教育改革和发展规划纲要（2010—2020年）》和《国务院关于当前发展学前教育的若干意见》，教育部发布《3~6岁儿童学习与发展指南》，旨在促进幼儿全面和谐发展。文件提出，把语言作为交流和思维的工具，重视为幼儿提供良好的语言发展环境，养成良好的语言习惯，形成阅读兴趣，做好书写准备。

2. 启示

我国幼儿语言教育目标与英国和澳大利亚相比，有很多共同的优点，比如尊重儿童个体发展的差异性，注重语言的实用功能等，这些先进的理念都是应该继续坚持和发展的。同时，我们也看到了我国教育工作者幼儿语言教育目标的不足。常言道："他山之石，可以攻玉。"本研究立足于英、澳两国的经验和当前的语言教育形势,给我国教育工作者提供很多启示。

(1)我国幼儿语言教育目标的内容应更加全面。

著名幼儿教育家蒙台梭利认为:1~3岁是儿童语言敏感期的高峰时期。0~1岁的婴儿虽然不会说话,但也在为语言产生做积极的准备。因而,为0~3岁幼儿制定语言教育目标尤为必要。随着我国经济和文化的发展,国家对学前教育空前重视,财政投入迅速增加,学前教育事业繁荣发展,这使我们把学前教育的定义延伸到0~6岁成为可能。我们可以借鉴英、澳两国的经验,把儿童语言教育目标针对的对象向下延伸到0岁,对0~3岁婴幼儿的语言教育目标进行整体设计,使这一阶段幼儿的语言发展有参照的标准。在目标整体设计上,我们可以把语言教育作为儿童语言发展的主线,适当融入算术、舞蹈等形式,将其与其他领域相互渗透,形成整合的目标体系,进而使语言教育内容和方式相整合,促进儿童语言发展。

(2)我国幼儿语言教育目标应注重运用语言发展儿童的思维。

马克思曾经指出:"语言是思维的直接现实。"对于已经掌握了语言并有正常思维的人来说,语言既是思维的表达方式,思想的直接现实,同时又是思维的一种工具,语言与思维有着密切的关系。相对于英、澳两国,我国的幼儿语言教育目标更多地重视体验和感悟,对文本的理性分析相对比较缺乏。我们可以借鉴他们的经验,在教育过程中加入适合幼儿思考的内容,提供可供思考的玩具和教具的材料,打破教师的定式思维,使幼儿大胆思考,具有信息检索能力、识别与判断能力、简单的批判和质疑能力,避免其受到教条主义思维的影响。在目标制定上,不仅要体验到语言教育的人文价值,还应凸显语言培养幼儿多样性思维和全面性思维的功能,为幼儿的人生发展奠定良好基础。

(3)我国应重视在整个社会营造良好的文化氛围。

幼儿语言教育目标的制定基于一定的社会现实,不仅受到政治因素、经济因素的影响,也是由国家的文化传统和当今的文化氛围决定的。英国受自由主义教育的思想影响,在幼儿语言教育目标中强调个人的自由和个人的价值,对儿童的兴趣和需要给予更多的关注。同时,英国受本国社会重视阅读的影响,注重培养早期阅读能力。澳大利亚以促进所有青少年都能成为成功的学习者为宗旨来制定幼儿语言教育目标,强调对儿童自信和创造力的培养,体现了多民族文化交融中的开放包容、以人为本的特点。而我国作为一个历史悠久的国家,具有深厚的文化传统,我们应该以此为基础,大力弘扬文化精神,提高全民文化素质,努力营造具有良好文化氛围的社会,使幼儿语言教育获得不竭动力。

单元二　幼儿文学作品活动

学习目标

1. 能列举学前儿童文学作品在学前儿童教育中的作用，知道学前儿童文学作品的常见类型。
2. 能够根据学前儿童年龄特点选择文学作品。
3. 能够掌握并运用学前儿童文学作品活动的设计思路和优化原则。
4. 能够独立设计一个学前儿童文学作品活动的教案，并且能完成模拟教学活动。
5. 能够完成小组合作的文学作品教学任务和教学评价，培养教学反思意识，促进教科研能力的发展。
6. 具有继承与发展民族优秀传统语言文化的意识，能够对传统优秀幼儿文学作品进行加工与创新。

任务导入

总任务：试讲一节幼儿文学作品活动课程

- 子任务1. 根据幼儿特点选择文学作品
- 子任务2. 设计文学作品活动的教案
- 子任务3. 教学活动的准备，如教具、PPT
- 子任务4. 模仿幼儿园教学情境授课

基本知识

一、幼儿文学作品活动概述

幼儿文学是儿童文学的一个分支，主要是以3～6岁的儿童为主要对象，为促进他们的健康成长而创编的文学，被称为幼儿健康成长的"母乳"。凡优秀的幼儿文学作品都具有强大的

单元二　幼儿文学作品活动

教育感染力。别林斯基说过："文学有巨大的意义，它是社会的家庭教师。"幼儿文学对幼儿的精神成长和语言发展具有重要的作用和深远的影响。

1. 幼儿文学作品的教育作用及分类

一首儿歌、一个故事，都可以使幼儿在不知不觉中受到教育，优秀的幼儿文学作品能把教育意图巧妙地隐藏在鲜明的人物形象和生动的情节中。幼儿文学的熏陶感染力量，对幼儿的成长具有不可替代的作用。

第一，提高幼儿感受美、欣赏美的能力。幼儿文学的美体现在幽默的智慧、高尚的情操、生动的语言、丰富的画面以及各种艺术风格中。这些都给幼儿美的享受，从而培养他们对自然美、社会美和艺术美的感受能力，提高他们的生活情趣以及对美好理想的追求。例如童话《金色的房子》中描写房子的语句"红的墙，绿的窗，金色的屋顶亮堂堂"，用优美语言带领孩子们进入了一个色彩纷呈的童话世界。

幼儿阅读

第二，培养幼儿良好的习惯和品行。幼儿可塑性强，易接受外界影响。幼儿文学凭借鲜明生动的艺术形象，可启发幼儿辨别是非、善恶、美丑，培养他们坚强、乐观的性格以及友爱、善良和诚实的品德。如为了培养孩子诚实的品质，家长们经常会讲《狼来了》《木偶奇遇记》，这些故事情节及人物形象在孩子们的成长过程中留下了深刻的印记。

第三，增长知识、发展语言和开发智力。幼儿的求知欲旺盛，幼儿文学作品将知识、经验熔铸在艺术形象中，形成色彩绚丽、奇妙无穷的画面，吸引他们去认识世界、了解社会。幼儿文学的语言浅显优美，

金色的房子

具有示范性，帮助幼儿积累词汇，创造性地运用语言，并做好阅读的准备。此外，幼儿文学夸张的形象和奇特巧妙的构思促进了幼儿想象力和创造力的开发。如《哈利·波特》系列图书，让孩子们认识了一个魔法的奇幻世界，激发了幼儿想象力。

幼儿文学作品的类型包括童话、寓言、神话故事、儿童经验故事、成语故事、儿歌、儿童诗、散文、绕口令、谜语等多种文学体裁。幼儿园经常涉及的文学作品活动主要包括故事、诗歌和散文活动。

2. 幼儿文学作品的选择

幼儿文学作品是对幼儿的语言、艺术及真善美的启蒙教育，所以选择幼儿文学作品的时候，

33

要从幼儿身心发展的需要出发，选择多种题材的作品，丰富幼儿的审美情趣，开阔视野，丰富社会认知。选择幼儿文学作品，具体可以遵循以下几个基本原则：

第一，教育性。当前幼儿文学作品的市场鱼龙混杂，有些作品或者动画作品，情节暴力、血腥，例如用刀给大灰狼开膛破肚，然后缝上，还有的拿着电锯追着别人跑。这种情节的故事尽量避免给幼儿阅读，如果必须要给幼儿阅读或者观赏的时候，一定要谨慎的提醒，这种事情在现实生活中是不存在的，避免幼儿模仿。选择什么样的幼儿文学作品呢？教育主题应该积极健康，对幼儿有真善美的启迪，例如，幼儿故事中关于亲情、友情、同情心、勇敢、善良等内容，有利于促进幼儿德、智、体、美、劳的全面发展。

第二，适应性。幼儿文学作品要适应幼儿的年龄特点、身心发展需要，还要考虑适应幼儿的性别、性格等。根据《3～6岁儿童学习与发展指南》的相关内容，小班的幼儿喜欢韵律感强的儿歌、歌谣，短小的故事，多一些重复的情节或者语句。中班的幼儿喜欢把看过的图书讲给别人听，所以面对他们的文学作品中的形象不要太多，情节稍简单。大班的幼儿喜欢谈论图书和故事的相关内容，这时，提供给他们的幼儿文学作品情节可以复杂，多提供创编的机会。

童谣《小老鼠上灯台》插图

第三，文学示范性。因为幼儿文学对幼儿语言发展的重要作用不容忽视，儿童又处在语言发展的关键期，所以，为了帮助幼儿语言发展，提供给幼儿的文学作品一定要有文学的示范性。通过文学作品的学习，既要丰富幼儿的语言词汇、规范口语表达、提高日常语言交际水平，又要培养幼儿对书面语言的兴趣、提高理解阅读能力，为后期学习做好铺垫。

第四，生动趣味性。幼儿文学作品的教育性是在幼儿理解接受的基础上达到的效果，幼儿偏爱语言生动有趣，韵律和谐，情节起伏较大，形象生动鲜明的作品。例如童谣《小老鼠》："小老鼠，上灯台，偷油吃，下不来。咪咪咪，猫来了，叽里咕噜滚下来。"这首童谣运用拟人和夸张的手法塑造了一个贪吃、滑稽的老鼠形象，让人忍俊不禁。

课堂小练

1. 小组讨论，为幼儿园大、中、小班各推荐一个幼儿文学作品，并说一说推荐理由。
2. 从幼儿文学作品选择的四项原则出发，评析故事《是谁嗯嗯在我头上》。

故事简介：是谁嗯嗯在我头上

作者：[德]霍尔茨瓦特（文），[德]埃布鲁赫（图）

有一天，小鼹鼠从地下伸出头来，他高兴地面向着太阳："哇！天气真好。"这时候，事情发生了！

（一条长长的，土黄色嗯嗯掉下来了，糟糕的是，它正好掉在小鼹鼠的头上。）

小鼹鼠气得哇哇大叫："搞什么嘛！是谁嗯嗯在我的头上？"（有一个影子闪过去了，但是，小鼹鼠看不清楚那是谁。）

这时候，一只鸽子飞过来了，小鼹鼠立刻问他："喂！是不是你嗯嗯在我的头上？""不是我！我的嗯嗯是这样子的。"（鸽子说完，一团又湿又黏的白色嗯嗯掉下来了！）

小鼹鼠只好跑去问马先生："是不是你嗯嗯在我的头上？""不是我！我的嗯嗯是这样子的。"（马先生屁股一扭，五坨又大又圆的嗯嗯，像马铃薯一样，咚，咚，咚……掉下来，小鼹鼠失望地走开了！）

小鼹鼠很生气地问一只野兔："是不是你嗯嗯在我的上？""不是我！我的嗯嗯是这样子的。"（野兔立刻转身，十五个像豆子一样的嗯嗯，答，答，答，答……掉下来了！）

…………

小鼹鼠又跑去问猪先生，"不是我！我的嗯嗯是这样子的。"（猪先生立刻"噗"一声掉下一坨软软的嗯嗯，小鼹鼠捂着鼻子跑开了！）

最后，小鼹鼠决定去求助苍蝇，苍蝇只是戳了一下他头上的嗯嗯，立刻说："哈！这是一坨狗大便。"

小鼹鼠终于知道是谁嗯嗯在他的头上了！小鼹鼠立刻跑去找大狗。大狗正在打瞌睡，小鼹鼠问她："为什么你嗯嗯在我的头上？"大狗闭着眼睛，懒懒地说："我不小心嘛！你想怎么样？"

小鼹鼠气得爬到狗屋上面，哇哇大叫："喂！你应该说对不起！"（大狗还没有回答，忽然，小鼹鼠觉得肚子不舒服，他忍不住"噗"一声，一粒小小的、黑黑的嗯嗯掉下来了，正好掉在大狗的头上。）

小鼹鼠立刻说："哎呀！对不起！"然后，不好意思地钻到地底下去了。

1.嗯嗯掉在小鼹鼠头上　　　　2.小鼹鼠问鸽子

3. 小鼹鼠问马　　　　　　　　　　4. 小鼹鼠问兔子

5. 小鼹鼠问羊　　　　　　　　　　6. 小鼹鼠问猪

7. 小鼹鼠问苍蝇　　　　　　　　　8. 小鼹鼠去找大狗

二、幼儿文学作品活动的优化设计

《幼儿园教育指导纲要》在第二部分"教育内容与要求"的"语言部分"明确指出：教师要"引导幼儿接触优秀的儿童文学作品，使之感受语言的丰富和优美，并通过多种活动帮助幼儿加深对作品的体验与理解"。在教学实践活动中，如何组织好一节优秀的幼儿文学作品活动呢？这就需要教师对每一个文学作品进行精心的设计。把设计的思路写成文稿，就是教学活动设计。那么怎样才能写出优秀的教学活动设计呢？

1. 幼儿文学作品活动设计的教学目标

依据《3~6岁儿童学习与发展指南》的规定，了解3~6岁幼儿语言学习和发展的基本规律和特点，建立对幼儿语言发展的合理期望，是幼儿园教师需要明确的教学目标。结合《指南》精神，幼儿文学作品的活动教学目标设计如下：

（1）认知目标。

①丰富作品相关的社会知识经验，懂得使用文明用语，初步学会一些社会、人际交往的规矩和规范。

②了解不同文学作品语言的丰富性，对书面语言有初步认知，结合情境理解词语或者句子的意思，感受不同语气、语调表达的不同意思。

③理解文学作品的内容，学会标准发音，积累词汇，了解并使用反应因果、假设、条件等不同关系的句式的表达方法。

（2）技能目标。

①学会倾听，敢于表达，提高语言的听说能力。

②学习普通话，能清楚地表达自己的观点。

③感知文学作品的语言特点，扩展个人经验，创造性地运用语言，能够结合动作、语言、美术、音乐等不同方式表达对文学作品的理解。

（3）情感态度目标。

①培养阅读和聆听文学作品的兴趣，积极参与文学作品的学习活动，养成良好的语言学习习惯。

②体验文学作品中的真善美，感受作品传达的情感，培养幼儿良好的行为习惯，发展幼儿的想象力，提高幼儿的审美能力。

2. 幼儿文学作品活动设计的整体思路

教师在设计幼儿文学作品时，首先要抓住一个基本目标，那就是根据《幼儿园教育指导纲要》关于语言的教育内容与要求进行设计，引导幼儿接触优秀的儿童文学作品，使之感受语言的丰富和优美，并通过多种活动帮助幼儿加深对作品的体验与理解。

在基本目标的基础之上，再确定每一个文学作品活动的具体目标、重点和难点。教学活动的重点是指学科或教材内容中最基本、最重要的知识和技能，教学活动的难点一般是指学生较难理解或容易产生错误的那部分内容。

然后依据教学活动的重、难点设计教学活动的整体思路，思路的设计要围绕实现教学内容的知识、情感和技能目标，层层深入，既考虑幼儿的接受能力，又方便教师对课堂教学内容的整体把握。以下是教学设计的思路，分为以下四个阶段：

（1）第一阶段：导入文学作品。

首先是导入，引出文学作品。良好的开端是成功的一半，导入在活动设计中的作用不可忽视。好的导入，能激发幼儿的学习兴趣，用兴趣去引导教学，让幼儿在快乐轻松中学习。

导入的方法很多，例如：实物导入、情境表演导入、音乐导入、游戏导入、谜语导入、教具导入、提问导入等。

实物导入：根据文学作品内容结合生活中的实际物品进行导入。例如讲述故事《鹅妈妈买鞋》，教师出示不同的鞋"这是高跟鞋，这是平底鞋，鹅妈妈要去买鞋，它会买一双什么样的鞋呢？"

情景表演导入：根据文学作品安排情景表演进行导入。例如讲述儿歌《礼貌歌》导入：教师安排小朋友进行离家入园的情景剧表演，突出与父母再见，与老师和小朋友问好的情节，在强调"礼貌"的同时进行儿歌导入。

音乐导入：根据文学作品内容进行相关的儿歌导入。例如讲述故事《猜猜我有多爱你》时，教师弹唱《摇篮曲》，兔妈妈要哄小兔子睡觉了，可是，小兔子不想睡觉，它有一些心里话要跟妈妈说。我们一起听一听，小兔子跟大兔子都说了些什么呢。

游戏导入：教师通过组织相关游戏进行教学导入。例如讲述儿歌《水果歌》导入：小朋友们，今天老师给大家准备了一个礼物，你们猜猜它是什么呢？教师把装有苹果、鸭梨和葡萄的袋子拿出来，让幼儿伸手在袋子里触摸，感知形状，进行猜一猜的游戏活动。

谜语导入：运用谜语进行导入。例如讲关于小白兔的故事和儿歌，可以用关于小白兔的谜语进行导入"什么动物耳朵长，尾巴短，蹦蹦跳跳总是笑？"。

教具导入：教师根据文学作品制作相关的教具，进行教学导入。例如讲述故事《长大做个好爷爷》，教师出示两幅不同的画"今天老师请来了小熊一家，它们过得特别幸福，（教师出示小熊一家的幸福图片）。可是过了一段时间小熊和妈妈突然很伤心，（教师出示小熊伤心的图片）他们为什么伤心呢？让我们走进故事，找出答案。"

提问导入：教师提出和文学作品相关的问题进行导入，例如讲述故事《渴望挨打》导入："谁会渴望挨打呢？他为什么渴望挨打呢？我们来听听这个故事吧！"

导入有很多种，可以综合运用，关键是激发幼儿对文学作品的兴趣，迅速带领幼儿进入文学作品的情境之中。

（2）第二阶段：学习了解作品。

学习了解文学作品，帮助幼儿了解作品的主要内容、人物性格特点以及词汇的积累、句式的学习等文学语言方面的内容。

问题设计属于一般性问题范畴，提问可以从故事情节、角色、题目、地点、时间等要素入手，疑问词主要运用"是什么、谁、哪些、哪儿"等。例如，上一节拓展延伸部分的小班语言教案《是谁嗯嗯在我头上》的问题设计：

①故事叫什么名字？
②故事中有哪些小动物？
③落在小鼹鼠头上的嗯嗯到底是谁的呢？

（3）第三阶段：理解体验作品。

引导幼儿深层次地把握文学作品的主题，体验作品表达的思想情感，体会作品中人物的心理，作品的语言特点，进入作品展示的生活和精神境界之中。

问题设计属于理解性问题范畴，提问要深入理解故事情节，体验作品情感，疑问词主要运用"怎么、为什么、怎样、如何"等，有时也会运用假设性问题"假如你是……你会……"例如，中班语言教案《长大做个好爷爷》问题和活动设计：

故事中的小熊是怎么爱爷爷的呢？爷爷又是怎么爱小熊的呢？

（4）第四阶段：运用表达作品。

引导幼儿将作品中习得的知识、技巧和经验等结合现实生活进行迁移和运用，问题设计多为从作品经验到现实生活的迁移，一般为"你会怎么做？"例如小班语言教案《是谁嗯嗯在我头上》中教学目标知道人和动物嗯嗯的不同，培养幼儿嗯嗯的好习惯。"假如你想嗯嗯了，你会怎么做呢？"《猜猜我有多爱你》运用性问题"这个世界上最爱我们的是妈妈，那我们怎么去爱他们呢？改为他们做些什么事情来表达我们对妈妈的爱呢？"

（5）第五阶段：拓展延伸作品。

引导幼儿把对作品的理解通过语言、表演、绘画、朗诵、歌唱等多种方式表达出来，其中融入了幼儿的创造性改造，丰富了幼儿的想象力和创造力。

例如，小班语言教案《是谁嗯嗯在我头上》的拓展延伸，让幼儿挑选故事角色进行表演；到大自然中观察不同动物的嗯嗯特点，对新嗯嗯特点的语言描述。

总之，幼儿文学作品的活动设计思路，强调在教师的引导之下，循序渐进、由浅入深地发展幼儿的语言能力，对作品从了解到理解，从表达到运用，在发展幼儿语言能力的同时，丰富生活和社会经验，促进智力、情感等多方面的发展。

例文

鹅妈妈买鞋（小班语言活动设计思路）

活动目标：

1. 认知目标：理解故事内容，知道鹅妈妈买了哪些物品。
2. 技能目标：愿意尝试用语言、身体动作表现老板和鹅妈妈的形象。
3. 情感目标：体验文学作品带来的快乐，培养良好的购物习惯。

活动重点：

理解故事内容，用语言、身体动作表现人物的形象。

活动难点：

理解故事中鹅妈妈为什么买了很多东西，培养良好的购买习惯。

活动准备：

1. 故事幻灯片《鹅妈妈买鞋》。
2. 不同的鞋如：高跟鞋、运动鞋、拖鞋。
3. 分组表演的道具：老板的胡子、鹅妈妈的头饰、鞋、袜子、大花裙、项链、香水等，鹅妈妈的画图、彩笔若干。
4. 关于鹅妈妈看书、帮助人的活动图片若干。

故事《鹅妈妈买鞋》

活动过程：

第一阶段：导入文学作品

教师出示不同的鞋，引出故事。"这是高跟鞋，这是运动鞋""鹅妈妈要去买鞋，她买了一双什么样的鞋呢？我们一起来听一听吧！"

第二阶段：学习了解作品

生动的讲述一遍故事。通过提问，让幼儿了解故事内容。如：

故事的名字是什么？鹅妈妈买到鞋了吗？她还买了什么？

第三阶段：理解体验作品

教师结合幻灯片和学生一起讲述故事第二遍，讲述过程中，提问

鹅妈妈为什么买袜子？老板怎么说的？你能模仿老板说的话吗？鹅妈妈听到后怎么回答的？想象一下鹅妈妈照镜子时是什么样的？谁来表演一下鹅妈妈的动作和表情？……体验老板和鹅妈妈的角色。

第四阶段：运用表达作品

1. 主题一：良好的购买习惯。

教师引导学生明白不能学习故事中的鹅妈妈，要养成良好的购买习惯。"鹅妈妈花了很多钱，买了许多没用的东西，小朋友们可不能学她，如果妈妈给了你压岁钱，你想用压岁钱买一架模型飞机或者一个芭比娃娃，可是你又看到了玩具熊、小汽车等更多的玩具，你会怎么做呢？"

2. 主题二：真正的美。

教师引导学生明白，美有很多种，心灵美才是真的美。"鹅妈妈买了高跟鞋、袜子、大花裙、项链、香水，她真的变美了吗？那怎样做才最美呢？（出示道具：鹅妈妈看书的图片、鹅妈妈帮助人的图片）你认为做什么还能让自己更美？小朋友们讨论一下。"

第五阶段：拓展延伸活动

指导学生选择自己喜欢的学习内容，分组进行区域活动。表演组，分配角色，分

单元二 幼儿文学作品活动

发道具，表演故事；绘画组为鹅妈妈的图像添加高跟鞋、袜子、大花裙、项链等。让幼儿用语言或者画笔表达自己想象的世界。

附：故事简介

鹅妈妈买鞋（小班）

作者：王淑芬

鹅妈妈去买鞋，左看右瞧，买了一双高跟鞋。

老板说："鞋很美，可惜你腿上毛太粗，看来还得买双袜子，让你看来像朵花。"

鹅妈妈说："哦，像朵花！——嗯，好吧，那买双袜子吧！"

老板说："啧啧啧啧！袜子可真美！"老板围着鹅妈妈转了一圈，又说："可惜，可惜！你的腰围肥了些！最好加件大花裙，保证让你受欢迎！"

鹅妈妈听了，低头看了看，不好意思地说："哦，是肥了些！哦，那穿上大花裙，真的能瘦吗？"

鹅妈妈穿上了大花裙，对着镜子扭来扭去，非常满意。老板上下打量着鹅妈妈说："哦！简直像只白天鹅！"

突然，老板盯着鹅妈妈的脖子，摇摇头说："咳！裙子很美，不过，你的脖子光溜溜，只要有条金项链，你就会变成大美人！"

鹅妈妈带着金项链，叮叮当当响，心里想："这下，我可是大美人了！"

项链儿美，不过老板又有了新意见："现在什么都不缺，只要一瓶好香水，就全部OK了！"

哎呦呦，鹅妈妈手酸脚也累，原来只想买双鞋，怎么会抱着一大堆！

3. 幼儿文学作品优化活动设计的几个原则

（1）符合语言教育的总目标和年龄阶段目标。

要深入理解《幼儿语言教育指导纲要（试行）》中的语言教育目标和《3~6岁儿童学习与发展指南》，既要把握总体目标，又要了解不同年龄阶段幼儿语言学习与发展的基本规律和特点，建立对幼儿发展的合理期望，知道3~4岁、4~5岁、5~6岁三个阶段幼儿的语言发展水平，例如知道什么、能做什么、大致可以达到什么样的水平。

例如，在讲话表达方面，小班幼儿是说儿歌、童谣或复述简短的故事；中班幼儿是能完整、连贯

古诗《悯农》

地讲述所见所闻；大班幼儿是连贯、清楚、有序的讲述一件事情，而且要求语言比较生动。教师要针对幼儿特点选择不同的题材，设计不同的教学活动目标和活动。

例如，儿歌的选择，小班选材要语言浅显，重复读来朗朗上口，动作体验强，如《小白兔》；中、大班选材既要贴近幼儿生活经验，又要突出语言、意境的美。

（2）考虑不同文学作品的特点。

不同体裁的文学作品，在教学目标和活动设计方面也各有侧重。例如，幼儿故事教学目标侧重在引导幼儿理解故事情节，体会人物性格特点、在发展幼儿语言表达能力的同时，进行道德和习惯的渗透等，多用对话、表演、复述、创编等教学活动。儿歌、诗歌、散文的教学目标侧重体会语言的韵律美、意境美等，多用配乐朗诵、唱诵、绘画等教学活动。

不同体裁的文学作品，对教师语言表达的技能也略有不同。例如，幼儿故事的教学，要求教师能生动形象地讲述故事，能通过不同的音色塑造人物形象。如《鹅妈妈买鞋》，用温柔害羞的女性音色塑造一个爱美的鹅妈妈，用夸张、调侃的男性音色塑造一个能忽悠的老板形象。儿歌、诗歌、散文等文学作品的教学，要求教师能生动地朗诵作品，通过语气、轻重音等表达作品不同的情感。例如，儿歌《小白兔》要求语言节奏鲜明轻快，表达情感活泼、富有童趣，而诗歌《悯农》则要求语言深沉，语速较慢，体会粮食的来之不易，表达对农民的同情之心。

（3）关注幼儿的参与与体验。

一节优秀的幼儿语言活动课程，反映在课堂表现方面就是幼儿的参与度。幼儿如果在活动组织过程中能主动积极参与、情绪高涨，课堂气氛活跃，这就说明教学活动设计比较成功。

反之，活动组织过程中，只有少数幼儿参与，大部分幼儿不积极举手，只有固定的几个幼儿举手，虽然在老师点名提问后，也能回答老师的问题，能够完成教学内容。这种状态说明教学活动设计得有问题，在目标确定或者过程设计等方面，与幼儿的语言、心理等发展状况不适应，需要改进。

幼儿手指歌谣

幼儿活动设计还要多关注幼儿的内心感受和亲身体验，因为幼儿的学习、生活、社会等经验有限，需要亲身体会才能理解，所以在幼儿文学作品的设计活动中要让幼儿多说、多做。正如蒙氏教育的格言："我听到了，但随后就忘记了！我看到了，也就记住了！我做了，也就理解了。"

（4）问题的设计要层层深入。

问题的设计可以分为三个层次，描述性问题、思考性问题和假设性问题，这三个层次的问题由浅入深地引导孩子进入文学作品的学习，由作品的理解到学习经验的拓展运用，有助于幼儿的接受。

描述性问题主要是帮助幼儿掌握作品的名称、人物、情节、对话、主题等，使幼儿对作品内容有大致的了解。主要疑问词是"是什么""是谁""做什么""说什么""有哪些"等。

思考性问题和假设性问题，引导幼儿在已有的学习、生活经验基础上，对作品内容进行深入分析和思考，对学习的内容进行创作和运用。常用疑问词是"为什么""怎么做""怎么说"等。

例如《鹅妈妈买鞋》的教学活动设计：描述性问题是——故事的名称是什么？鹅妈妈买到鞋了吗？她还买了什么？思考性问题是——鹅妈妈本来只想买双鞋，可是为什么又买了那么多东西？假设性问题是——如果你是鹅妈妈，你会听老板的话买这么多东西吗？如果你有零花钱，你打算怎么花呢？

（5）既要学科整合又要特色突出。

幼儿语言的学习不是一个独立的方面，在幼儿语言的发展过程中，他们的每一个词、短语、句式，都是整个学习系统的调整、吸收和发展的结果。幼儿语言教育要与社会、健康、艺术、科学四领域整合，渗透到生活和游戏活动中。

幼儿文学作品教学活动应该从一个文学作品出发，开展系列活动，让幼儿从社会、艺术等多方面、多角度理解作品。当然在教学活动设计过程中也要突出语言的特色，落实到幼儿语言的学习和运用上。

问题设计

《鹅妈妈买鞋》让幼儿绘画，涉及了艺术活动；《是谁嗯嗯在我头上》让幼儿到自然中观察嗯嗯的特点，涉及了科学活动。但是，这些都不是语言活动设计的重点，重点是通过这些活动帮助幼儿理解故事主题，提高语言的表达能力。

总之，一个优秀的幼儿文学作品活动设计要思路清晰、目标明确、活动丰富，能调动幼儿活动参与的积极性，在提高幼儿语言表达能力的同时，还能发展幼儿的智力水平、增长艺术思维能力，同时也促进其他方面能力的发展。

课堂小练

1. 请为幼儿故事《鸡毛信》设计教学思路，按照五个阶段设计。
2. 为下节活动实践课准备教案，要求：
    （1）文学作品的题材和内容自选；
    （2）教案格式完备；
    （3）活动目标符合学生特点和认知规律；

学生李孟桠教案

（4）活动过程思路清楚，能突破重、难点，引导幼儿积极参与。

3.学生作业精选：《鸡毛信》教案——李孟桠

附故事：

鸡毛信

根据地龙门村儿童团团长海娃只有十二岁，他每天一边放羊，一边放哨，监视着前边平地里敌人的据点。一天，炮楼里的鬼子进山去抢粮食了，只剩下"猫眼司令"和几个鬼子兵。海娃的爸爸是民兵中队长，他急匆匆地把一封信交给海娃，满脸严肃地说："这里面是攻打鬼子炮楼的路线图，你一定要想办法尽快把它交给八路军张连长。"海娃一看信封上面插了鸡毛，知道这是十分重要的消息，他拍拍胸脯说："您放心吧，我一定完成任务。"说着他就藏好鸡毛信，赶着一群羊作掩护送信去了。海娃忙着赶路，没想到在山沟里碰上了鬼子，他心里想："要是鬼子搜身，搜走了鸡毛信可就麻烦了，这可怎么办啊？"

海娃冷静了片刻，看着羊群，灵机一动，把鸡毛信拴在了"老头羊"的尾巴下面藏了起来。鬼子小队长拦住了海娃，他们呜里哇啦地说了一会儿话，对海娃瞪着眼说："你的小八路地干活？"海娃装作害怕要哭的样子说："我是要到山上放羊的，没见过什么八路干活。"鬼子队长又命令两个小鬼子把海娃从头到脚搜了一遍，什么也没发现。于是鬼子又打起了羊群的注意，要海娃给他们带路，并且想吃羊肉。一路上，海娃受尽了折磨。到了深夜，他好不容易从睡得像死猪一样的鬼子窝里溜了出来。他赶到羊圈里，小心地把鸡毛信取了下来，一口气跑出了几里路。

鬼子发现海娃跑了，很快就追了上来，他们用枪逼着海娃让他带路上山。海娃把鬼子带到了一条靠近八路军埋伏圈的山路上，乘鬼子没有防备，他拼命往山上爬去，愈爬愈远，身后响起鬼子的枪声，有一枪还打中了海娃的手。想到鸡毛信的重要，海娃忍着疼痛继续向山上爬，嘴里还高声喊着"八路军叔叔，快打鬼子啊……"

张连长和八路军战士们听到枪声和海娃的呼喊，很快冲了上来，把鬼子打了个落花流水。最终，海娃把鸡毛信交给了张连长。张连长根据信上的情况，成功地捣毁了敌人炮楼，击毙了"猫眼"司令，打了一个大胜仗。海娃也因为他的勇敢和机智成为抗日小英雄，成为我们少年儿童学习的榜样。

三、课堂实战练习的组织与指导

作为一名幼儿教师，仅仅会设计幼儿文学作品活动的方案是不够的，更要将活动设计转化为实践活动，将写作能力转化为讲课能力，提高课堂的组织能力和应变能力。因此，在课堂教学中的幼儿园模拟实训练习就变得非常重要。

【课堂实战练习】

分组课堂模拟训练，设计一节幼儿文学作品的幼儿园语言教学活动，进行课堂训练活动。

活动要求：各组先讨论修改教学活动设计方案，然后进行角色扮演教师，分组进行练习，教师轮流指导。最后每组选出优秀讲课教师进行全班展示，代表本小组比赛。

课堂分组竞赛

要组织好模拟实训活动，教师和学生需要做好以下几点准备：

1. 激发活动兴趣

每次实训练习活动可以设计为教学竞赛形式，或者将讲课成绩计入平常成绩的考评，激发学生积极性，引起学生重视。

2. 确定评价标准

师生共同明确一节优秀幼儿文学语言课的评价标准，在这个标准的指导之下，学生备课、师生评课才能做到有的放矢。评价标准可以参照以下几点：

第一，活动目标。（1.5分）

①三维目标全面均衡，目标具体、明确，可查，可检（0.5分）

②活动重、难点分析正确（0.5分）

③符合学生特点和认知规律。（0.5分）

第二，活动准备。（0.5分）

能帮助幼儿做好相关的生活经验和知识准备，提供充分的材料，便于幼儿课堂活动与交流。

第三，活动过程。（6分）

①围绕教学目标开展活动，内容充实恰当（2.5分）

②思路清晰，活动环节过渡自然。（0.5分）

③能突出重点，突破难点，符合学生特征。（2分）

④教学方法灵活，能根据幼儿实际情况及时调整变化。（0.5分）

⑤课堂时间分配合理。（0.5分）

第四，活动效果。（2分）

①能有效引导学生参与，学生表现积极主动，学习兴趣浓厚。（1分）

②多数幼儿完成学习任务，每个幼儿在原有的语言表达、思维创新等基础上都有所提高。（1分）

讲课前，评委仔细阅读评价量表，讲课者提前在黑板上书写教学重、难点，方便同学们评课交流。

3. 确定组织程序

教师在活动组织的过程中，要先让学生知道该做什么，不该做什么。活动组织要有序、按部就班地进行，这样才能提高活动的效果。

首先将分组参赛。教学班级分成小组，4~5人一组，每组选出组长。小组分配要考虑学生的特长、成绩。例如，有的学生爱说，有利于指导他人的语言；有的学生会写，能帮助改活动设计。

学生实践活动

其次明确参赛顺序。每个学生都要参赛，也要轮流当评委。先是小组内部抓阄，确定小组成员的讲课顺序，然后组里的代表再到班级抓阄，确定在班级的讲课顺序。全班比赛依据每组人数确定，例如，如果每组四人，那么讲课将进行四轮，每轮比赛都有各组参赛。

最后是成绩的确定。成绩由师生共同评价确定。每次学生打分成绩，去掉最高分和最低分，折算平均分，再加入教师的成绩。需要说明的是，活动的目的是提高学生的讲课水平，所以，鼓励学生如果对自己的成绩不满意，可以重新比赛，重新讲课。

4. 拓展课堂实训练习的方式

学生的课堂实训练习不能仅仅拘泥于课堂内，还要拓展到课堂外，鼓励学生将自己的授课活动录制成视频发到教学平台，可以在年级中举行讲课比赛活动，教师还可以录制优秀学生讲课活动播放给其他班级交流学习。

学前儿童文学活动的作品选材要求

【教学策略】

1. 文学作品的语言技巧指导

幼儿文学作品的教学活动组织是以活动设计为基础，以语言表达为依托完成教学任务。关于教学活动的设计思路、优化原则等内容在上节已经进行了介绍，下面简单介绍一些文学作品的语言表达技巧。

（1）语言表达要标准、规范。

在《纲要》中关于语言的教育目标明确规定幼儿"能听懂和会说普通话"，所以，无论是何种类型的幼儿文学作品，教师在讲授时，都要力求做到语言的标准、规范，运用标准的普通话，为幼儿提供普通话学习的语言环境。

此外，教师在示范朗读作品时，要吐字清晰，语速适中，音量不能过大或过轻，以免影响作品讲述的效果。

（2）熟悉作品内容，把握作品情感。

教师在讲授作品之前，一定要熟悉作品内容，了解作品的创作背景，知道创作的主题思想，只有这样，才能安排合理的教学目标。例如，《鹅妈妈买鞋》的情感目标可以设计为"培养幼儿不乱花钱的好习惯"，同样在作品表达时，熟悉了作品内容才能运用正确的方式表达作品情感。例如，《猜猜我有多爱你》中关于大兔子和小兔子的对话，有一段是：

"小兔子高兴得跳了起来：'我爱你有我跳的这么高，高得不能再高。'

大兔子笑着说：'我爱你也有我跳的这么高，高得不能再高。'"

如果不理解作品内容，就无法区别小兔子和大兔子对话过程中重音的不同落脚点，小兔子强调的重音是"高"，大兔子强调的重音是"我"。

（3）对作品进行加工处理。

文学作品教学依托于一定的文字材料，但这些材料未必适用于幼儿，所以教师对文学作品可以进行适当处理，使其更符合幼儿的接受和认知特点，激发幼儿兴趣。如在情节方面根据幼儿不同年龄特点适当的删减；在语句方面强调短小、简单，适当重复，适当删减过多描述性语句；词语方面遵循"以浅代深"的原则，多用叠音词、感叹词、语气词，适当加入口语，这些加工有助于更好地引导幼儿理解学习文学作品。如故事《请你抱抱我》内容温馨，体现了小刺猬艾利想和人亲近的愿望，适合小班幼儿欣赏，但作品多用描述性语言，缺少角色间的对话，故事不够生动，也就难以吸引小班幼儿的兴趣。这时就需要教师根据作品内容将描述性文字改为对话形式，以满足小班幼儿的欣赏要求。

（4）灵活运用表达技巧。

①重音。

重音是指那些在表情达意上起重要作用的字、词或短语在朗诵时要加以强调的技巧。重音的表达技巧主要为以下几种形式：

重音重读。即，在读要凸显重音的词语时，适当地提高音量。例如，诗歌《蜗牛》："蜗牛出去串门子，背上背着大房子！"

重音轻读。即，在读要凸显重音的词语时，适当地降低音量。重音轻读一般用来表达亲切、体贴、怀念和幸福的情感及平静、舒适的氛围。例如，儿童诗《摇篮》："白云轻轻飘，星宝宝睡着了。"

放慢语速。即，放慢速度。例如，"但我深深地知道"。在这里，放慢速度，不是简单地拉长音调，还需要气息的配合。

巧用停顿。这种技巧常常应用于朗诵深沉感人处于结尾的语句。例如，幼儿故事《猜猜我

有多爱你》结尾："大兔子把小兔子轻轻地放在用树叶铺成的床上，亲亲她，祝她晚安，并微笑着对她说'我爱你一直到月亮，再绕/回/来！'"

②语速。

给幼儿讲故事时，一定要注意语速适中，根据故事内容的需要做适当的停顿，因为幼儿在倾听故事的时候需要一个思考、理解的过程。

语速一般跟故事中的情节和情感有关。一般来说，热烈、欢快、兴奋、紧张的内容速度快一些；平静、庄重、悲伤、沉重、追忆的内容速度慢一些。而一般的叙述、说明、议论则用中速。例如情节中如果出现词语"突然"，那么后面的内容就要用较快的语速表达。

③句调。

句调指语句中声音高低升降的变化，其中以结尾的升降变化最为重要，一般是和句子的语气紧密结合的。一般来说，内容表达积极的情感，或者带有疑问的语气多用升调；内容表达消极的性感，或者表示肯定、命令的语气多用降调。例如，儿童诗《摇篮》"白云轻轻飘↗，星宝宝睡着了↘"。

（5）角色形象的塑造。

对幼儿文学作品中的角色进行处理，塑造恰当的角色形象，可以帮助幼儿了解角色的特点和个性，从而更好地领会故事的意义，获得更愉悦的审美享受。

首先要确定角色中的人物性格，如果角色是动物的话要将动物拟人化。例如，讲述故事《两只羊过桥》时，可以把小白羊和小黑羊分别对应不同性格的幼儿，小白羊对应的是娇惯的小女孩，小黑羊对应的是霸道的小男孩。这样处理故事更容易把握角色形象，故事也更有针对性、教育性。

学生讲述幼儿故事

其次，在确定角色性格之后，就要选择适当的声音来表现人物性格，也就是声音的"造型"。声音的造型要求形象生动、略带夸张、富有趣味性。故事中的人物在年龄、性别、身份、性格等方面各不相同，讲述故事时要把他们区分开来。例如：小孩说话声音高而细，吐字靠前，语速较快；老人说话声音低而粗，吐字靠后，语速较慢。豪爽的人说话声音厚实，吐字有力；温柔善良的人说话声音半虚半实，吐字轻柔，等等。

例如，寓言故事《狼和小羊》——可怜的小羊喊道："啊，亲爱的狼先生，那是不会有的事，去年我还没有生下来哪！"狼不想再争辩了，龇着牙，逼近小羊，大声嚷道："你这个小坏蛋，说我坏话的不是你，就是你爸爸，反正都一样！"

在狼和小羊的对峙中，形势越来越危急，小羊不断地哀求，音色特点是稚嫩、明亮、柔弱，发音时声带紧绷、音位较高、发音靠前；而狼则是咄咄逼人，音色特点是低沉、生硬、凶狠，

单元二　幼儿文学作品活动

发音时声带稍微放松、气息下沉、发音靠后。

（6）态势语及教具的合理运用。

有时为了更好地突出文学作品的效果，需要借助一定的态势语。态势语包括面部表情、手势和身势等等，可以根据作品需要自己设计。态势语的基本要求是恰当和富有童趣。表情动作应和作品内容相吻合，形象、鲜明地表现内容，引起幼儿联想和想象，帮助幼儿更好地理解内容。例如，幼儿故事《熊宝宝怕黑》，讲到"熊宝宝擦干眼泪，向森林走去，这时的天完全黑了，森林里静悄悄的。他有点害怕了，身上打着抖，心里想：森林里会不会有怪物啊？"配合动作用手擦眼泪，挥动手臂，迈开步子作出"走路"的样子，脸上表情要由"痛哭"转为"坚强勇敢"，当讲到"有点害怕了，身上打着抖"，又要表现缩脖子、用手捂住头的动作，脸上流露出害怕的表情。这些态势语都可以增强故事感染力，吸引幼儿的注意，引发他们对故事情节的兴趣。

教具在幼儿文学作品活动过程中也具有举足轻重的作用，好的教具可以很快吸引幼儿的注意力，引导孩子进入故事情节。所以，作为一名优秀的幼儿教师，还需要具备制作教具的才能。

幼儿故事《熊宝宝怕黑》

（7）多媒体技术辅助教学。

传统的故事教学手段单一，无法吸引幼儿的注意力，而多媒体技术集成了图形、图像、音频、视频等多种素材信息，借助多媒体技术可以刺激幼儿的多种感官，使幼儿可看、可听、可感，增强了教学的代入感，所以故事教学中教师要学会适时、适度地应用多媒体技术。

2. 课堂教学中师生问答的教师指导语言

在课堂教学中，教师语言的优劣，直接影响着幼儿对知识的吸收及对学习活动的兴趣和积极性，尤其是对学生回答问题的评价和指导，直接关系到教师教育教学的效果，那么教师对学生评价的教学语言，应该注意哪些问题呢？

（1）评价应该以积极肯定的鼓励语言为主。

教师的鼓励对幼儿来说是一种力量，再加上老师亲切的表情、爱抚的动作，会使幼儿受到极大的鼓舞，增强幼儿的自信心。例如，在中班一次语言故事课《小红帽》的提问环节中，老师问"大灰狼看到小红帽说什么了？"有孩子回答"大灰狼说'你去哪儿'"。老师看着ppt上的文字是"'你好呀，小姑娘，你这是到哪里去呀？'又问'你外婆家在哪儿住啊？'"老师认为这个孩子只说出了答案的一部分，

积极评价幼儿的表现

49

而且还不是很准确，于是说："不对，不准确，你再想想。"这样的评价很容易打击幼儿的积极性，教师应该从幼儿的理解和认知水平出发，孩子的答案大致正确，就应该给予肯定的评价"回答得不错，还有其他小朋友补充吗？"。积极肯定的语言，有利于激发幼儿的积极性，培养他们的自信心。

（2）鼓励语言要具体化、细节化。

教师的鼓励无疑会使幼儿受到极大的鼓舞，增强自信心。但是，鼓励语言不能简单地认为表面意义的"真好！""你真棒！""你真行！"等，教师要把鼓励的话说成描述性的语言。例如，孩子在复述故事中，教师评价好，要具体说出好在哪里，是语言表达得很清楚，还是人物角色的对话语气生动，还是有的句子优美、词语生动，等等，表达要具体，让孩子知道努力的方向。

（3）对错误答案的评价要注重启发和引导。

在教学问答过程中，因为教学的重点、难点与幼儿已有的知识经验的矛盾，或者幼儿自身的接受和理解能力的差异，有些幼儿的答案可能具有明显的错误。这时候，教师如果全盘否定，就会打击孩子的自信心；如果置之不理，又会让幼儿产生"我是正确的"的错觉，失去了教育的意义，所以，教师面对这种情况，要及时地进行启发和引导。教师的启发性的语言如同一把钥匙，为幼儿开启智慧的大门，引导他们积极思考，完善语言发展的体系。例如，在《小红帽》故事课中，教师让幼儿画一画小红帽被大灰狼吃掉以后，会发生什么事情，然后给大家讲一讲。有的幼儿讲述的故事是小红帽被大灰狼吃掉以后，森林里的小动物们都特别高兴，因为小红帽的外婆总是抓小动物们吃，所以小动物们找到大灰狼，让大灰狼把外婆吃掉。对于这个哭笑不得的结局，教师该怎么评价呢？首先，肯定幼儿的想象力和关心小动物的爱心。接着，就需要教师进行启发和引导了。

（4）以点带面的评价。

教师对幼儿问题的引导和评价，不应该只是针对一个孩子，而是以点带面教育所有的孩子，发挥教育的辐射性。在教学活动中，当幼儿的答案不尽人意时，要引导小朋友们集体开动脑筋，帮他想办法，大家来讨论。例如，回答问题时，有的小朋友回答不上来，说自己没有听清楚故事，这个时候，教师可以求助其他小朋友，"哪一个小朋友帮他回忆一下呢？"让小朋友们说一说。当请小朋友们当众讲自己的绘画故事时，教师不能只是单独与一个小朋友讨论，这样就容易失去对整个课堂的驾驭，而是在对着这个小朋友的同时，主要时间面对大家，"哦，你是这样想的啊，其他小朋友对他的想法有什么不同看法吗？"然后教师再进行归纳总结。

总之，一节优秀的幼儿文学作品活动课程，既需要教师对文学作品的生动演绎，又需要教师高超的课堂问答技巧，需要教师不断提高语言表达水平，多学多练，在教学中积累经验。只有熟练掌握语言表达的艺术技巧和方法，才能更好地带领孩子们理解作品，才能带给孩子们艺术的体验和享受。

单元二　幼儿文学作品活动

> **课堂小练**
> 1. 观看并评价学生讲述幼儿故事视频《鹅妈妈买鞋》。
> 2. 讲述故事《鹅妈妈买鞋》中的关于老板和鹅妈妈对话的一段情节，要求有音色变化、表情和态势语等，能生动展示角色的特点。
>
> 故事视频《鹅妈妈买鞋》

案例分享

案例一：故事《是谁嗯嗯在我头上》（中班）

● **活动目标：**

1. 认知目标：理解故事内容，知道不同动物"嗯嗯"的特点。
2. 技能目标：能简单叙述故事情节，愿意模仿小鼹鼠的形象。
3. 情感目标：感受故事的诙谐、幽默，培养幼儿嗯嗯的好习惯。

● **活动重点：**

理解故事内容，了解不同动物"嗯嗯"的特点，并乐意用语言来表述。

● **活动难点：**

知道人和动物嗯嗯的不同，培养幼儿嗯嗯的好习惯。

● **活动准备：**

故事插图课件、不同动物嗯嗯的图片，有关不良嗯嗯习惯的图片若干。

● **活动过程：**

1. 导入

今天老师给小朋友带来了一个好听的故事，这个故事有个很奇怪的名字叫《是谁嗯嗯在我头上》，你们知道"嗯嗯"是什么意思吗？"嗯嗯"就是大便的意思，它落在了谁的头上呢，我们一起听一听吧。

2. 理解故事内容，感受故事的诙谐、幽默

教师生动、有感情地完整讲述故事第一遍，通过提问，帮助幼儿理解故事内容。

问题：

①故事叫什么名字？
②故事中有哪些小动物？

51

③落在小鼹鼠头上的嗯嗯到底是谁的呢？

④你觉得这个故事有趣吗？哪里有趣？模仿一下小鼹鼠说的话。

臭臭的嗯嗯掉到小鼹鼠的头上，小鼹鼠是什么样的心情呢？他看见小鸽子，会用什么样子的语气来问呢？请小朋友们表演一下。

3. 丰富幼儿的认知，体验阅读的快乐

结合故事插图课件，讲述故事第二遍，边讲边提问，引导幼儿用语言表述不同动物嗯嗯的特点。

问题：小朋友们仔细观察图片，说一说。

①鸽子的嗯嗯是什么样子的？（又湿又黏的白色嗯嗯）

②马先生的嗯嗯是什么样子的？（又大又圆像马铃薯一样的嗯嗯）

③野兔的嗯嗯是什么样子的？（像豆子一样的嗯嗯）

④猪先生的嗯嗯是什么样子的？（一坨软软的嗯嗯）

⑤小鼹鼠的嗯嗯是什么样子的？（小小的、黑黑的嗯嗯）

幼儿一边看幻灯片，一边自由讲述。

活动：下面我们来玩一个连线游戏，请你帮助小动物们找到他们的嗯嗯。

4. 培养幼儿嗯嗯的好习惯

（1）提出问题，思考：动物和我们人类不一样，他们把嗯嗯随时随地解在地上，但是如果你想大便了，你会怎样做？（可以提出有时候在外面玩，附近没有厕所时有什么办法供幼儿讨论）

《是谁嗯嗯在我头上》

（2）观看图片，引导幼儿讨论：老师这里有几张图片请你来看看这样做好吗？（图片内容：把嗯嗯解在裤子上、边看电视边嗯嗯、好几天解一次嗯嗯等）

5. 小结

今天的故事让我们认识了许多动物的嗯嗯，也懂得了不能随地大小便的道理，还有许多小动物的嗯嗯我们不认识，它们是什么样子的呢？我们快去找一找吧！

6. 活动延伸

（1）延伸到表演区，让幼儿挑选故事角色进行表演。

（2）到大自然中观察不同动物的嗯嗯特点，把你观察到的嗯嗯特点讲给大家听一听。

单元二　幼儿文学作品活动

案例二：儿歌《摇篮》（大班）

● **活动目标：**

1. 认知目标：理解诗歌内容，知道摇篮在具体情境中的不同涵义。
2. 技能目标：能够有感情地朗诵诗歌，并尝试仿编诗歌。
3. 情感目标：体验感受诗歌的意境美，激发幼儿热爱自然、热爱生活的情感。

● **活动重点：**

理解诗歌内容，体验感受诗歌的意境美，能有感情地朗诵诗歌。

● **活动难点：**

理解比喻的含义，按照诗歌的重复结构仿编诗歌。

● **活动准备：**

制作关于诗歌内容的课件、多媒体设备、轻音乐《摇篮》

● **活动过程：**

1. 播放轻音乐《摇篮曲》，课件导入

嘘——小朋友们，这是什么呀？可见图片——摇篮，摇篮是做什么用的呢？（摇着小宝宝睡觉的。）今天，老师就给小朋友们带来一首很美的诗歌《摇篮》，请小朋友闭上眼睛静静地欣赏这首诗歌。

2. 配乐朗诵诗歌第一遍，理解诗歌内容

①诗歌的名字叫什么？

②诗歌里都出现了哪些宝宝呢？

③这些宝宝的摇篮分别是什么？具体提问：

"星宝宝的摇篮是什么？"

"鱼宝宝的摇篮是什么？"

"花宝宝的摇篮是什么？"

"小宝宝的摇篮是什么？"

儿童诗《摇篮》

3. 结合课件图片，朗诵诗歌第二遍，体验诗歌的意境美

①天空是星宝宝的摇篮，星宝宝是怎么睡着的？

强调"摇"的动作，强调"白云轻轻飘动"哄着星宝宝入睡的情景，想象画面，体味意境的美。

②小朋友们跟老师一起朗诵这节，一起哄星宝宝睡觉好不好？

强调朗诵的节奏和轻柔的语气。

同样的问题和方法学习后面的诗句，并学习有感情朗诵。

4. 集体朗诵第三遍，朗诵表演诗歌内容

（1）分组讨论为诗歌加入态势语进行表演。

将小朋友分成"星宝宝、鱼宝宝、花宝宝和小宝宝"组，请小朋友分组讨论，为你喜欢的一节诗歌加入动作，为大家表演朗诵诗歌。

（2）播放音乐伴奏，请不同小组同学上台表演朗诵诗歌。

5. 模仿创编活动

（1）小朋友们，这首诗歌写得非常美，我们也写一首这样美的诗歌好不好？现在老师先编一段"草原是摇篮，摇着羊宝宝，风儿轻轻吹，羊宝宝睡着了。"你们还能想到什么是摇篮？谁是她的小宝宝，谁要在一旁帮她哄宝宝入睡。

（2）小朋友们讨论，教师记录。

（3）教师将小朋友们的诗歌整理，在班级里朗诵，鼓励幼儿的想象力。

6. 拓展延伸活动

（1）小朋友们把这首诗歌朗诵给自己的家长听，将朗诵的视频发到家长群分享。

（2）将原诗或者自己创作的一节诗歌，配成图画，拿到幼儿园和小朋友分享。

附：儿童诗

作者：黄庆云

《摇篮》

蓝天是摇篮，摇着星宝宝。

云儿轻轻飘，星宝宝睡着了；

大海是摇篮，摇着鱼宝宝，

浪花轻轻翻，鱼宝宝睡着了；

花园是摇篮，摇着花宝宝，

风儿轻轻吹，花宝宝睡着了；

妈妈的手是摇篮，摇着小宝宝，

歌儿轻轻唱，小宝宝睡着了。

实践活动

项目一　观摩、评价幼儿园文学作品活动

内容：观看保定市青年路教师绘本故事课视频《月亮的味道》，说一说这节课的重点、难点和创新点。

要求：重点记录教学组织的各个活动环节，学习教师的过渡语，能利用所学知

故事视频
《月亮的味道》

识对教学的重、难点等作出合理的评价。

《月亮的味道》插图

项目二　文学作品的表达

内容： 为自己录制一段文学作品表达的视频，传到班级学习群，和大家进行交流学习。

要求：

（1）体裁不限，可以是幼儿故事、儿歌、儿童诗、散文等。

（2）表达生动形象，要求加入适当的态势语，运用教具。

（3）对自己进行简单的评价。

（4）时间为2～4分钟。

项目三　试讲一节幼儿文学作品活动课

内容： 设计一个完整的幼儿文学作品活动教案，开展幼儿园的模拟教学。

要求：

（1）文学体裁不限。

（2）教案要求有活动目标、活动准备、活动过程和拓展延伸。

（3）教学过程要求有教具或者PPT等。

（4）以小组为单位，参加班级竞赛活动，并且进行集体评析。

杨艳婵的绘本故事《我不想离开你》

优秀绘本创作范例视频《青耕与跂踵》

项目四　绘本创作比赛

内容： 以小组为单位，搜集、整理我国民族传统文化中的优秀故事、传说、童谣等，配图汇编成册。

要求：

（1）内容积极健康，语言生动活泼，符合幼儿审美。

（2）图画精美，可以是彩铅、水粉、版画等。

绘本

（3）要求有封面、环衬、扉页、正文和封底。

（4）准备时间 2 周。

拓展延伸

对文学作品学习活动"教育价值点"偏失的思考

杨淑丽

幼儿文学作品教学活动是幼儿期语言教育的一个基本类型，是扩展幼儿的生活经验、增强幼儿对文学语言艺术美的感受力、促进幼儿良好情绪情感体验、完善幼儿人格发展的主要途径之一。因此，幼儿文学作品的选择和"教育价值点"的把握是幼儿教师组织好文学作品学习活动的重要影响因素。在幼儿园实践中存在幼儿教师在把握文学作品教学的"教育价值点"时的偏失状况，且这些偏失暴露出的是幼儿教师对幼儿园集体教学活动的理解仍偏向"小学化"。具体而言可以分为以下三类偏失。

教育价值点的偏失

一、"教育价值点"的泛化——都是重点

1. 作品原文

以文学作品《小雨滴溜滑梯》这首诗歌为例，作品原文内容为：

小雨滴滴答答，树叶上面溜滑梯，滴溜滴溜笑嘻嘻，溜呀溜到梦幻溪。

小雨滴滴答答，石头上面溜滑梯，滴溜滴溜笑嘻嘻，溜呀溜到梦幻溪。

小雨滴滴答答，荷叶上面溜滑梯，滴溜滴溜笑嘻嘻，溜呀溜到梦幻溪。

小雨滴滴答答，花朵上面溜滑梯，滴溜滴溜笑嘻嘻，溜呀溜到梦幻溪。

2. 活动案例

有教师是这样设计这个诗歌教学的过程的：

首先播放小雨滴滴下的 Flash，询问幼儿：小雨滴滴下的声音是什么样的？师幼共同归结出"小雨滴滴答答"；然后播放小雨滴在树叶上滑下来的 Flash，再问幼儿：小雨滴在树叶上面干什么啊？师幼共同归结出"树叶上面溜滑梯"；再问幼儿：你在滑滑梯的时候是什么样的感受啊？师幼共同归结出"滴溜滴溜笑嘻嘻"；再问：小雨滴滑到哪里去了呢？教师引导幼儿说出"溜呀溜到梦幻溪"。

然后以同样的方法学习下面三句。

3. 分析

在上述这位教师的设计中我们不难想象到孩子们会不喜欢这首儿歌的，因为教师"详细"的分解、提示、引导，孩子一次次地受挫（很难回答得和诗歌一样，而教师只认可那个跟诗歌

一样的答案），逐渐对这首诗歌产生厌恶感。那这位教师的设计错在哪里了呢？错在他把诗歌的每一句都当成"有教育价值的点"了，全是重点就等于"没有重点"。这首诗歌韵律优美、节奏感强，若做完整欣赏孩子们肯定能感受到其中的美感，在此基础上我们再寻找语言教学中的"点"——即每句话不同的"××上面溜滑梯"，抓住这个"点"之后，就可以放开其他的内容，将其他内容作为已知条件，而是改变"××上面溜滑梯"来进行仿编整首诗歌就可以了。

二、"教育价值点"的固化——固守材料本身

1. 作品原文

以《两朵白云》为例，作品原文部分内容是这样的：

天真大！天真蓝！蓝蓝的天大极了！蓝蓝的天真安静。安静的蓝天真美！

天边有一个小白点。那个小白点儿真小。小白点儿会飞，向这边飞。蓝蓝的天空有一个小白点儿，真美！

小白点儿越飞越近，越近越大。现在看清楚了，他就是白白。白白是天上一朵云。天上的云都是很淘气的，淘气得像是幼儿园的小娃娃。

白白笑眯眯地回过头去，笑眯眯地看着天边。天边又有一个小白点儿。那小白点儿也会飞。白白用很好听的声音喊："茫茫，快过来！茫茫，快来跟我一起玩！"

茫茫也到了，茫茫也是天上的一朵云。天上的云都是很淘气的，淘气得像幼儿园的小娃娃。白白跟茫茫，是两个可爱的小淘气。

白白说："我们来玩变变。我先变，我变完了你再变。一二三！"白白把自己变成一辆小汽车，歪歪的，斜斜的，有点儿像，有点儿不像，可是白白自己很喜欢。

茫茫笑眯眯地说："现在该我变了。一二三！"茫茫把自己变成了一只小老虎，小老虎的头太大，身体太小，尾巴太短，有点儿像，有点儿不像，可是茫茫自己很喜欢。

……（白白和茫茫又先后变成了其他四组东西）

2. 活动案例

有教师是这样设计这个文学作品的学习过程的：

（1）阅读大书，让幼儿在推理猜测中理解画面中白云的变化。依次提问：这两朵白云叫什么名字？第一次玩变变游戏白白变成了什么？茫茫又变成了什么？第二次游戏白白变成了大苹果，猜测茫茫变成什么？茫茫看见白白变成了最美丽的会飞的东西，是什么呢？（此时孩子猜想很多，但老师只肯定绘本上的蝴蝶）白白变成了一座山，茫茫想去钻山洞，他会变成什么？（孩子猜想少了，因为知道答案只有一个）……

（2）和孩子一起回忆并记录白白和茫茫五次的变化，帮助孩子梳理整个内容。

（3）完整欣赏DVD《两朵白云》，让孩子感受散文的意境和语言美。

（4）和孩子一起玩白白和茫茫的扮演游戏。

（5）幼儿创编白白和茫茫的变化。

3. 分析

整个活动过程更像是小学的语文课模式，从教师紧扣绘本的一步步提问到回顾梳理整个内容，教师将绘本的内容紧紧抓住不放，否定孩子们的其他合理性猜测。例如，最漂亮的会飞的东西，有的孩子说是小鸟，有的说是孔雀，有的说是天鹅，等等，这些答案是对的，可是教师为了忠实于原文却选择了否定孩子的答案，这其实也是教师的困惑和无可奈何。虽然如此，但这种情况造成的客观效果却是孩子参与猜测的积极性被打压了，不愿意再做"无谓"的陪衬。其实，如若教师能将绘本本身视为一种资源，为活动所用，为了满足活动的需要可以删减、变更其内容，那么，教师在组织活动时将拥有更多的主动权，也能满足孩子的主动和自主的参与性。

三、"教育价值点"的道理化——牵强而不适宜

1. 作品原文

糖果雨

有一次，有块糖果云飘过来，在城里下了一场糖果雨。绿的、紫的、蓝的、玫瑰色的，什么颜色的都有。一个小孩捡了一颗绿的放在嘴里尝了一下，很快就知道这是薄荷味的；另一个孩子尝了一块玫瑰色的，那是草莓味的。

"快来呀！都是糖果，都是糖果！"

所有的人都到马路上来，都想把自己的口袋塞得满满的。糖果雨密密麻麻地落下来，大家捡都来不及捡。

雨下了一会儿就停了。但是，糖果已经像地毯一样铺满了马路，在脚下"咯吱咯吱"响。孩子们一个个把自己的书包装得鼓鼓的。老太太们也摘下漂亮的头巾，把糖果放在里面打成一个小包袱。

直到现在，还有许多人等着从天上落下糖果雨呢！

《糖果雨》

2. 活动案例

有教师是这样设计这个文学作品的学习过程的：

（1）带领幼儿边猜测边讲述故事。

（2）提问：故事里讲了一个什么事情？为什么糖果雨再也没有下下来过？你是一个会分享的孩子吗？你是怎么分享的？鼓励幼儿用句型"我会把我的××分享给×××"学习创编。

（3）游戏"分享糖果"。

3. 分析

本活动设计的主体部分在第二部分的提问，落脚点在分享及"我会把我的××分享给×××"句型的掌握上。还有其他教师将该活动的价值点落脚在"坐享其成""守株待兔"等上。无论是分享还是不能不劳而获的教导，都是教师在该作品原文中读到的"深层价值"，是要"教育"孩子的点。这样的教育价值点的挖掘显得牵强而不适宜。读《糖果雨》时，我们能感受到的是这个作品本身的意境美、艺术美、童趣美、愿望美、想象美……如果教师能够放弃"我一定要'教育'孩子"的观念，将"教育"的外延扩大化，不局限于知识和道理，而将幼儿对美的体验、想象的发展也看作教育的话，就不会出现文学作品活动"教育价值点"的偏离和不适宜了。

四、总结

从上述三个案例我们可以清楚地看到，幼儿教师在挖掘和分析文学作品的"教育价值点"时常出现了三种状态：泛化、固化、道理化。这三种状态所支撑起的活动都没有以儿童为本，忽视了儿童是一个情感化的整体。相反，活动以教师为主体，以说教为落脚点，恰恰是"小学化"教育的体现。所以，幼儿园文学作品学习活动应具有其本身独特的特质。

（1）文学作品教学的首要"教育价值点"是美育，让幼儿在聆听中感受作品本身的艺术美。文学作品都是经过锤炼的语言，本身富有语言的艺术美、故事意境美、想象美、韵律美、童趣美。每一个文学作品都是一个完整的艺术品，将其整体呈现给幼儿，孩子们能感受到的将是一份精神大餐。也正是文学作品本身固有的完整性和可欣赏性，孩子们唯有通过完整欣赏才能感受到文学作品的语言美、意境美、想象美、趣味美。

（2）文学作品的第二个"教育价值点"是体育、智育或德育。作品中的景物、动作等等都是可以让幼儿动一动、演一演的，幼儿在动作中能够加深对作品的理解和领悟；作品中的新鲜事、新鲜表达等，最能吸引幼儿的注意力和自发学习，利用幼儿自发模仿作品中他感兴趣的点的方式，教师准备相关拓展的材料，更能寓教育于无声中。例如，《猜猜我有多爱你》中，孩子们对"天有多高我就有多爱你"的表达十分新奇和喜爱，教师若能抓住此点，准备好一些太阳、星星、花、草之类的图片资料，幼儿自然知道看着图片来表达心中的爱。很多文学作品都蕴含着一定的道理，但并非全有。但凡能起到道德榜样作用的作品也不是因为它能总结出的道理本身，而还是因为作品中鲜活的故事给人留下了不可磨灭的印象。对于年幼的儿童来说，大道理是很难理解和记住的，唯有故事、角色本身能引起孩子的共鸣和学习的欲望。所以，文学作品学习还是应关注于作品本身、关注直观和感受。无论是体、智、德的哪一个，文学作品学习活动都必须将"教育点"集中。泛化只会导致无序、混乱、匆忙和无效。

（3）仿编、改编、创编文学作品是可以的，但无线索猜测是不可以的。文学作品学习活动不是科学教育，没有标准答案，在作品前后没有线索可以猜测时，为避免孩子的"其他猜测"

和挫败感，应选择直接让幼儿知道，而不是故意设置"刁难幼儿"的障碍。文学作品学习活动设计与组织时，教师应将重点放在幼儿的感受和经验拓展与提升上。让幼儿结合自己的生活经验仿编儿歌，用幼儿熟悉的事物来取代个别内容进行迁移，启蒙幼儿的创造力；故事性文学作品因其生活化而可以被改变，教师应允许幼儿根据自己的生活经验和想象来改编原文，不应该固守材料。每一个文学作品都各有特点，并非其所有内容都对幼儿适宜，教师可以根据需要进行恰当取舍和改编。忠于幼儿的经验比忠于原文更有价值。

★基金项目：本文系 2013 年度西安市社会科学规划基金课题"西安幼儿园集体教学活动去小学化的实践研究"（课题号为 13Y115）的阶段性研究成果。

文章出自《安徽文学》2013 年第六期

单元三　幼儿谈话活动

学习目标

1. 能够概述学前儿童谈话活动的特点和类型，知道谈话活动在学前儿童教育中的作用。
2. 能运用幼儿园日常谈话活动中的教师指导方法。
3. 能运用幼儿园集体谈话活动的组织方法，围绕主题设计谈话活动方案，并且组织实施谈话活动。
4. 能够完成小组合作的谈话教学任务和教学评价，培养教学反思意识，促进教科研能力的发展。
5. 了解少数民族学前儿童或留守未成年人交流的问题及策略，培养幼儿教师对特殊群体的沟通能力，提高职业意识。

任务导入

总任务：试讲一节幼儿谈话活动的课程

- 子任务1. 根据幼儿年龄特点选择谈话活动
- 子任务2. 设计谈话活动的教案
- 子任务3. 教学活动的准备，如教具、PPT
- 子任务4. 模仿幼儿园教学情境授课

基本知识

一、幼儿谈话活动概述

1. 幼儿谈话活动的概念与特点

（1）幼儿谈话活动的概念。

幼儿谈话活动是教师启发引导幼儿围绕一定话题进行交谈的语言教育活动。在良好的语言

环境中,谈话活动可以帮助幼儿学习倾听别人谈话,习得与别人交流的方式、规则,培养与人交往的能力。谈话活动是培养幼儿学习、运用语言与他人进行交流的语言教育活动类型。在幼儿园各种类型的语言教育活动中,谈话活动具有别的语言教育活动所不能替代的作用。《3~6岁儿童学习和发展指南》明确提出:"幼儿的语言能力是在交流和运用的过程中发展起来的。"

(2) 幼儿谈话活动的特点。

①谈话主题具体、有趣。

谈话的主题是儿童日常生活中熟悉的、喜闻乐见的内容,幼儿对中心话题具有一定的熟悉度,才能引发幼儿的兴趣,例如:谈话主题为"秋天",这个话题设置的范围就比较广、内容多、概况性强,幼儿往往不知从何说起。所以,可以把这个大话题分解为几个具体、明确的小话题,使幼儿能围绕一个个单一的小话题进行交谈。可以把"秋季"分解为"秋天的落叶""秋天的水果""秋天的庄稼""秋天的蔬菜"四个小话题,教师可以有目的地指导幼儿观察。同时,谈话的主题要有趣,能调动幼儿参与谈话活动的积极性。例如:小班的谈话活动"我最喜欢的人",这个话题贴近幼儿生活,幼儿了解才喜欢开口发言。同时,中心话题要对幼儿具有一定的新鲜感和刺激感,如大班谈话活动"我最喜欢的汽车"等。

幼儿谈话活动所涉及的素材必须是幼儿知识经验范围以内的,取材于幼儿由日常生活、游览参观中的观察、教育活动、游戏、影视动画中所获取的知识经验。幼儿的知识越丰富,谈话素材积累得越多,谈话的内容便越丰富。

②谈话方式交流、互动。

这一特征是谈话活动与讲述活动最主要的区别之一。讲述活动是发展幼儿的独白语言,谈话活动则更注重于幼儿的交往语言或对白语言,注重于师生间、同伴间的信息交流与补充。因此,谈话活动是一种多方位的语言交流场合,它给幼儿提供学习运用语言的机会,是其他活动所不具备的。

③谈话环境宽松、自由。

在幼儿谈话活动中,语言环境是比较宽松自由的。无论幼儿的原有经验如何,幼儿都可以在活动中畅所欲言,自由地表达个人的见解。谈话活动中没有设定统一的答案和看法,也没有什么一致的讲述经验和思路。例如,在"快乐的六一"谈话活动中,幼儿根据个人的经验和感受,谈论"六一"中自己最喜欢的活动、自己认为最有趣的地方,等等。实际上,谈话活动重在给幼儿提供说的机会,让幼儿在用语言交流的过程中使自己的语言得到操练和发展,并相互促进、相互影响,通过提高对语言的敏感度而发展自己的语言。

单元三 幼儿谈话活动

2. 幼儿园谈话的主要类型

（1）日常生活中的谈话。

日常谈话是幼儿日常生活中所进行的谈话，幼儿在教师所创设的口语交际情境中，围绕一定的话题，一方面倾听他人意见，表达自己思想；另一方面又积极地、主动地与教师和同伴进行口语交流，充分促进幼儿口头语言的发展。

例如：晨间谈话时告诉幼儿，×××小朋友近几天缺席是因为他病了。如：发烧、感冒、腮腺炎等。

①引导幼儿交流有关该病的预防经验。如：你感冒过吗？感冒的时候是怎么样的？怎么会感冒的？如何预防……老师也可谈谈自己的体验并做归纳。

幼儿谈话"感冒"

②可以引导幼儿谈谈如何表达对病友的关心。如：画一幅画、打电话问候、录几句关心的话……根据班级情况可启发幼儿依据已有的经验，说说、议议更多关怀别人的方法，并在可能的情况下，协助幼儿将构思的方法实现。

（2）有计划的集体谈话活动。

这类活动是教师制订一定的计划和教育活动方案，事先有确定的话题，有目的地组织幼儿进行。谈话的话题可以各式各样，凡是幼儿熟悉的或他们的生活紧密相关的，都可以加以选择。这些题目可由教师拟定，在大班也可以请幼儿参与拟定。主体话题有：我喜欢的……（人物、动物、玩具、图书、衣服等）；我周围的人（爸爸妈妈、爷爷奶奶、老师、同伴等）；我喜欢的节日（六一儿童节、国庆节、春节等）；我参加的一些活动（春游、参观、探亲访友、旅游等）；周围环境的变化（班级环境布置、花草树木、建筑物、道路、居住环境等）。

（3）集体谈话和日常谈话的区别。

集体谈话活动是有目的、有计划地创造交流机会，而日常谈话是无预期目标和计划的自发交谈，是幼儿在日常活动中所进行的谈话。二者的相同点：都能促进儿童语言能力的发展。二者最根本的区别：集体谈话，有目的、有计划地创造交谈机会，教师的指导作用明显；日常谈话是无预期目标和计划的谈话，具有自发性与随机性，更多的是发挥幼儿的主动性。

①在形式上，前者是在集体场合下进行，而后者往往是在两名或两名以上幼儿中发生的。

幼儿集体谈话

②从话题来说，前者是固定的，是教师根据教育目标、计划而精心设计的；后者是非固定的，是幼儿随机产生的。

③从时间上来说，前者是利用正式活动时间专门进行的，后者则一般发生在自由活动中。需要注意的是，幼儿园各种类型教育活动之间本身就是密切联系、相互渗透的。

3. 谈话活动的作用

幼儿园谈话活动对幼儿语言、情感、思维和社会交往等方面的发展都具有重要影响和作用，具体表现在以下几个方面：

（1）激发幼儿与他人交谈的兴趣。

在幼儿语言发展过程中，幼儿学习语言的态度是否积极主动，讲话的愿望是否强烈，影响幼儿对语言信息的摄入量，影响语言发展的速度与水平。通过谈话活动，能够使幼儿集中注意力，激发幼儿的谈话兴趣，培养谈话的积极性、主动性，逐渐养成谈话习惯，从而促进幼儿口语能力的发展。

谈话中的倾听

（2）帮助幼儿习得谈话的基本规则。

语言的学习过程，同时也是一个语言使用规则的习得过程，帮助幼儿学习谈话，实际上是指导幼儿按照社会交往过程中约定俗成的方式进行语言交流，使幼儿在谈话活动中能够逐渐领悟、掌握谈话的基本规则。幼儿学习谈话时，不仅需要掌握倾听、理解别人谈话等能力，而且还应该懂得人际语言交往的基本规则。运用语言进行交谈的基本规则，是人们在社会交往过程中约定俗成的一些方式方法，如果违背了这些谈话的基本规则，就有可能对人际交往造成不利影响，干扰谈话的正常进行。例如，别人讲话时不可以随便插话，别人讲话时要认真倾听、要等别人把话讲完；为保证谈话的进行，参与谈话者必须对别人所说的话给予应答，等等。

（3）增强幼儿通过交流获取信息的意识。

在谈话活动中，幼儿还从谈话内容中可以获得许多他们原来不具备的信息知识。例如，谈话活动"我们身边的新产品"，幼儿通过谈论自己所了解的身边的新产品，能够了解很多新型产品的名称、外形特征以及在生活中的用途。更重要的是，幼儿在此过程中逐步建立起一种意识，即通过交流学习自己原先没有的信息，谈话活动可以帮助幼儿认识这种学习方式和途径。

（4）引导幼儿关注周围生活。

通过气氛热烈的谈话，能够使幼儿对谈话活动所谈内容加深了解，激发他们对周围生活的关注，建立积极的生活感情和态度。如谈话活动"我们有好看的图书"，幼儿观看教室里的图书角和其他图书，在一起谈论自己所喜欢的图书，从而增加了有关图书的知识，从内心里认识到图书的重要性和可爱之处，在日常生活中更加喜欢阅读和爱护图书。

我们有好看的书

单元三　幼儿谈话活动

（5）促进幼儿建立良好的同伴关系。

近年来，在国内外教育界兴起同伴教学的潮流，认为儿童更容易从同伴那儿得到各种信息和学习知识的方法，因此大力提倡同伴教学的方式。谈话活动强调同伴之间的交流，不但能够提高幼儿的交流水平，也加强了幼儿之间的互动，促进了同伴关系的发展。谈话活动是同伴教学的有利途径。

课堂小练

分析下面的谈话活动属于什么类型的谈话活动，并从谈话活动的特点进行简要分析。

1. 谈话一：我喜爱的水果（中班谈话活动）

教师提问：你对水果的哪些地方感兴趣？你想提出什么问题？

教师请幼儿当小老师提出自己的问题，师生共同讨论。

幼儿提出以下问题：

大家都喜欢吃什么水果？

大家为什么喜欢吃水果？

水果都长在哪里？

自己可以种喜欢的水果吗？怎么种呢？

2. 谈话二：天天四岁多了，但是性格内向，不爱表达，说话也不清楚。有一次，天天的鞋带开了，他指着鞋子对老师说："嗯——嗯——"

老师问："天天，你有事吗？"天天说："鞋带。"

老师说："如果天天说'请老师帮我系一下鞋带，好吗'，我就听懂了。"

天天说："请老师帮我系一下鞋带，好吗？"

老师说："天天，你说得真好！"然后老师帮天天把鞋带系上。

二、幼儿谈话活动的设计与组织指导

1. 幼儿园谈话活动目标

谈话活动是培养幼儿在一定范围内运用语言与他人进行交流的语言教育活动类型。其目标主要有：

（1）倾听他人的谈话，并及时从中捕获有效的语言信息，逐步掌握几种倾听技能。

（2）学习围绕一定的话题谈话，充分表达个人见解，培养口语表达能力。

（3）学习运用语言进行交流的基本规则，提高语言交往水平。

2. 谈话活动的年龄阶段目标

幼儿年龄不同，语言教育目标就有不同的要求。年龄阶段目标对幼儿语言发展提出了具体的要求和发展方向，与语言学科知识融合起来，对幼儿掌握知识、获得能力提出了一定的要求。幼儿语言谈话活动教育的年龄阶段目标就是期望通过这个阶段幼儿的整合的学习使他们在谈话方面达到一定的水平。不同年龄阶段谈话学习的目标涉及有以下几点。

谈话活动的年龄目标

（1）目标一：认真听并能听懂常用语言。

3～4岁的幼儿：

别人对自己说话时能注意听并做出回应；

能听懂日常会话。

4～5岁的幼儿：

在群体中能有意识地听与自己有关的信息；

能结合情境感受到不同语气、语调所表达的不同意思。

5～6岁的幼儿：

在集体中能注意听老师或其他人讲话；

听不懂或有疑问时能主动提问；

能结合情境理解一些表示因果、假设等相对复杂的句子。

（2）目标二：愿意讲话并能清楚地表达。

3～4岁的幼儿：

愿意在熟悉的人面前说话，能大方地与人打招呼；

愿意表达自己的需要和想法，必要时能配以手势动作。

4～5岁的幼儿：

愿意与他人交谈，喜欢谈论自己感兴趣的话题；

能基本完整地讲述自己的所见所闻和经历的事情。

5～6岁的幼儿：

愿意与他人讨论问题，敢在众人面前说话；

会说本地区的语言和普通话，发音正确清晰。

（3）目标三：具有文明的语言习惯。

3～4岁的幼儿：

与别人讲话时知道眼睛要看着对方；

说话自然，声音大小适中；

能在成人的提醒下使用恰当的礼貌用语。

4～5岁的幼儿：

别人对自己讲话时能回应；

能根据场合调节自己说话声音的大小；

能主动使用礼貌用语，不说脏话、粗话。

5～6岁的幼儿：

别人讲话时能积极主动地回应；

能根据谈话对象和需要，调整说话的语气；

懂得按次序轮流讲话，不随意打断别人；

能依据所处情境使用恰当的语言。如在别人难过时会用恰当的语言表示安慰。

3. 幼儿谈话活动的内容选择

谈话活动的内容的选择是实现教育目标的手段，是将目标转化为幼儿发展的中间环节，也是活动设计和活动组织的主要依据。因此，活动内容的选择是一个完美的语言教育活动设计的核心。活动内容既包含有形的材料，又包含无形的各种内容。

谈话"雾霾天气如何外出"

在幼儿园的谈话活动中，谈话活动的内容选择从以下三个方面考虑。

第一，内容要与幼儿感兴趣的、熟悉的生活紧密相关。

谈话只有与孩子们熟悉和感兴趣的生活内容结合，他们才能就相关的经验交流和讨论，比如喜欢的玩具、爱看的动画片、好玩的游戏、刚刚发生的有强烈体验的重大事件（"雾霾天气如何外出""发生地震怎么办"）等。完全陌生的话题无法使幼儿产生谈话的兴趣。

第二，与某些领域相互联系的、有一定的新鲜感和能运用创造性语言组织的话题。新颖的，并能使用较丰富的语言去构架的生活内容，如"如何保护环境""不同的建筑""神奇的线""我喜欢的美食"等，也可以让孩子们产生交流的愿望。

第三，以前交谈过的、现在仍有极大兴趣的话题。对一些话题，幼儿是百谈不厌的，因为这些话题可以不断满足幼儿的想象和创造，选择这样的谈话内容，可以让幼儿体验到更多不同的交谈经验，如"聪明的熊大熊二""我是孙悟空"等。

4. 幼儿谈话活动的指导策略

（1）日常谈话的指导策略。

日常谈话具有自发性、随机性和较强的针对性，要想发挥日常谈话在幼儿语言发展过程中

67

的独特优势，教师就要注意把握日常谈话的指导策略。

①把握随机性谈话的契机。

在日常各类活动中，幼儿总会自然地与教师和同伴进行语言交往，教师要不失时机地利用这些发生在日常生活中的自然交往的情境，对幼儿进行语言指导。

例如：在晨间户外活动时，教师可以引导幼儿谈谈路上看到的景色，回来总结时可以让幼儿说说户外活动时最开心的事情。进餐时，可以向幼儿介绍食物的名称，吃完后，让孩子说说菜的味道。

教师还要随时随地发现日常生活中的教育契机，并善于挖掘幼儿感兴趣的热门话题：如请大家观察班里养的植物刚刚开的花，启发幼儿说说观察到的现象；遇到天气异常，如下雪、下雨，就让孩子说说路上看到的景色或者事情。

正是这些司空见惯的日常生活交谈，给孩子提供了熟悉而又有趣的话题，久而久之，就可以逐渐提高幼儿语言表达的兴趣和说话、听话能力。

②营造宽松的谈话氛围，让幼儿有话敢说。

教师还可通过建立良好的师生关系、同伴关系，营造民主、宽松、愉快的谈话氛围，真诚平等地同孩子交流，多鼓励、支持幼儿，做孩子的朋友，帮助幼儿学习围绕一定的话题谈话，孩子在谈话活动中就会觉得无压力、无拘束，自然敢说了。同时，还可通过教师的积极应答和有效反馈，使幼儿获得的已有经验得到整理、提升和系统化。例如，当幼儿主动发起谈话时，教师要以母亲般的爱心、耐心和细心认真倾听，切不可以冷漠的态度对待孩子，破坏孩子说话的愿望。当孩子在表达时出现词不达意或者词句欠佳的情况时，也不要急于或者刻意纠正，而是巧妙地加以引导，从而使幼儿的口语日趋成熟。

③创造双向互动的情境，让幼儿有话能说。

谈话活动是师生、生生之间相互交流和沟通的方式，应该有多方面的信息交流，突出强调幼儿运用语言与他人进行交谈。因此，教师要创造双向互动的谈话情境，让幼儿有话能说。例如，师生之间强调平等对话，打破"教师说，幼儿听"的局面，引导幼儿多说，教师多听。

此外，为幼儿创造生生互动的机会，也就是让幼儿与幼儿之间多交流、多沟通。布鲁纳等人经过研究发现："当儿童在3人或4人的小组中，无论有或没有成人的情况下，谈话最容易出现，在周围情景中出现某些有趣的事的时候，儿童可加入谈话中。"教师要积极发现群体教育的机会，为幼儿提供谈话的时机。例如：让幼儿尝试用语言解决他们自己的问题；不随意打断幼儿之间的谈话；不要一味强调活动区的安静而阻挠幼儿交谈。

④有效拓展谈话范围，让幼儿有话会说。

在谈话活动中，教师可通过"延伸""比较""想象""迁移""评价"等策略有效引导幼儿拓展谈话范围。如："你是怎么玩水的？"教师在谈话活动中把其中的两个小朋友玩水的方法进行比较，从而引发更多的谈话内容。比较是一种很有效的方法，它能引导幼儿区分事物

单元三 幼儿谈话活动

的不同,从而产生积极用语言表达的愿望,如:"你觉得男孩好还是女孩好?""谁的办法更好呢?"教师还可以积极引导幼儿围绕话题展开想象,帮助幼儿把谈话内容拓展到更广阔的天地,如:"还有谁能帮助老师想出更好的办法呢?"还有迁移的方法,同样可以帮助幼儿拓展谈话范围,如:"如果是你,你会怎么办呢?"通过以上有效策略,可以引导幼儿逐渐提高谈话水平,让幼儿"有话会说"!

例如:教师和幼儿在户外活动的谈话

乐乐(指着三叶草):老师你看,这个草的叶子真好看!

教师:为什么觉得它好看呢?

(其他孩子都围了上来)

佳佳:(仔细看了看叶子,还数了数)因为它有三瓣叶子!

乐乐:它的叶子平平的、小小的,所以我觉得好看!

波波:好像一把小伞呢?

洋洋:嘻嘻……那就拿给小蚂蚁打吧!

教师:呦,孩子们想得真好,那我们看看这儿还有什么样的叶子,可以给哪些小动物当伞,好不好?

日常谈话的指导

(2)集体谈话的组织策略。

①创设谈话环境,引出谈话话题。

谈话环境的创设,主要通过以下两种方式:

第一,以实物创设情境,即教师利用活动角布置、墙饰、桌面玩具、实物摆放,甚至一张图片,向幼儿提供与谈话主题有关的可视形象,启迪谈话的兴趣与思路。例如,谈话"我的快乐六一",开始时教师引导幼儿观察"六一"节后小朋友带来的照片或者观看师生共同庆祝"六一"的视频,引出话题。

谈话"我的快乐六一"

第二,用语言创设情境,即教师通过自己说一段话,提一些问题来唤起幼儿的记忆,调动他们的经验,以便进入谈话。同样,在设计组织"我的快乐六一"谈话活动时,教师可向幼儿提问:"小朋友,六一爸爸妈妈带你去哪里玩了?都玩过什么项目?和谁一起庆祝的六一……"用语言来创设谈话情境,同样可以达到引出话题的作用。

在这一步骤的活动设计和组织方面,教师应当注意以下两个问题:

首先,注意创设谈话情境的方法。无论以实物的方式还是以语言方式创设谈话情景,都必须以有利于幼儿谈话为前提。可以根据幼儿已有经验的多少及对话题关注的程度,来选择其方式。

其次,注意创设的情景与谈话话题之间的关系。谈话情境的创设是为引出话题服务的,应避免出现两种情况:一是避免许多与谈话内容无关的摆设,要紧扣谈话的中心话题;二是避免

69

过于热闹以致喧宾夺主的现象。谈话的情景创设应尽可能地简单明白，既要充分利用谈话情境启发引导幼儿，又要尽快导入话题引发幼儿谈话。

②鼓励幼儿围绕话题运用已有经验自由交谈。

教师要指导幼儿围绕中心话题大胆地与同伴交谈，同时要有意识地将语言能力较差和语言能力较强的幼儿安排在一起，让他们互相促进、互相作用。

这一步骤的目的在于调动幼儿对话题的有关知识储备，运用已有谈话经验交流个人见解。设计和组织这一步骤的活动，教师应注意以下几个问题：

一是应当放手让幼儿围绕话题自己交谈。小朋友分组或一对一地自由交谈时，允许幼儿说任何与话题有关的想法。教师不需要做示范，不给幼儿提示，不纠正幼儿说话用词造句的错误，让幼儿积极参加谈话，让幼儿充分运用已有谈话经验说出自己想说的话。

二是鼓励每位幼儿积极参与谈话，真正形成双向或多向的交谈。当幼儿分成小组时，教师可以让幼儿自己选择交流对象。三三两两自由结合成小组，或者组成一对一的小组，更有利于发挥幼儿的积极性，使他们有更多的机会交流，也可以保证谈话的气氛更加融洽。

三是在自由交谈的活动过程中，可根据话题内容，适当增加幼儿"动作"的机会。根据幼儿的特点，在谈话活动中适当增加一些"动作"，更有利于调动幼儿的兴趣，增进他们说话的积极性。例如，谈话活动"我们的鞋子"，让幼儿脱下自己的鞋，换穿别人的鞋，体验鞋的大小、款式的不同。在"我喜欢的水果"谈话活动中，可以让幼儿观察不同水果的形状、颜色，并让幼儿品尝不同水果的味道。幼儿边吃边谈，更能增加他们谈话的兴趣。

在这个活动阶段，教师的职责和任务主要表现在以下几个方面：

第一，教师必须在场。这意味着活动的正常进展，能够对幼儿产生潜在的意义。

第二，教师参与谈话。教师可采取轮流巡视的方式参与各组谈话，鼓励幼儿发表个人见解，并对各组幼儿谈话作出反馈。

第三，教师要观察幼儿的谈话情况，了解他们运用原有谈话经验进行交谈的状态，掌握幼儿谈话水平的差异，为下一阶段活动的指导作进一步的准备。

③围绕中心话题拓展谈话范围。

在幼儿运用已有的知识经验充分地交谈后，教师要适时地将幼儿集中起来，以提问或启发的方式帮助幼儿学习新的谈话技能和谈话规则，掌握正确的谈话思路和方法。

在此阶段，教师通过逐层深入的谈话，向幼儿展示并帮助他们学习运用新的谈话经验，使幼儿的谈话水平进一步提高。教师在设计组织谈话活动时，都应当重视根据语言教育的要求和谈话活动的特点，寻找本次活动目标与新的语言经验点，力图从大的方面帮助幼儿整理谈话思路、掌

谈话"我喜欢的水果"

单元三 幼儿谈话活动

握一定的谈话规则、获得一些适用于谈话的交往方式。

这部分活动的设计与组织，教师应注意以下几个原则：

应从幼儿的兴趣和生活经验出发，层层深入地拓展提问。例如，先从幼儿生活经验最熟悉的部分谈起，如见过什么、吃过什么、玩过什么；再过渡到发表自己的看法，谈论自己的感受，丰富拓展经验，如：你为什么喜欢（不喜欢）？你觉得应该怎样？等等。谈话活动"可爱的动物"，设计拓展活动：你认识哪些动物？喜欢哪些？不喜欢哪些？为什么？你能模仿你喜欢的动物吗？动物喜欢吃什么？动物为我们做了些什么？

谈话活动"可爱的动物"

拓展活动内容应更丰富，能够拓展幼儿的经验。不能只局限于幼儿已有的经验，还要能充实幼儿的生活经验。在"可爱的动物"拓展活动中，幼儿对喜欢的动物是比较熟悉的，但是对"动物对我们做了些什么"这个问题可能不太了解，这个时候，教师可以播放幻灯片，拓展幼儿的视野，加深幼儿对谈话内容的了解。此外"我们应该怎样保护动物"唤起幼儿对周围生活的关注，树立积极的生活态度和情感。

应在谈话活动中积极引导幼儿提出问题，并根据幼儿提出的问题展开交流讨论。教师在集体谈话中会预设很多问题，但是，在谈话活动中也要关注幼儿的内心感受，幼儿有哪些困惑，教师要给幼儿机会，引导幼儿围绕主题提出问题，并进行讨论和交流。

④**教师引导示范新的谈话经验。**

教师在通过逐层深入拓展幼儿谈话内容的基础上，可以通过隐性示范向幼儿提供谈话范例，帮助幼儿掌握新的谈话经验，使幼儿的谈话水平进一步提高。

教师向幼儿展示新的谈话经验不是用显性示范说给幼儿听，或用指示的方法要求幼儿怎么说，而是通过深入拓展的谈话范围将这种经验逐步传递给幼儿。教师用提问、平行谈话的方法，将新的谈话经验引入，让幼儿在谈话过程中不知不觉地沿着新的思路去说，潜移默化地应用新的谈话经验。

特别提出注意的是，教师在引导幼儿进行谈话活动时，要注意对幼儿进行即时的心理观察，给幼儿创设谈话活动的环境中除了布置良好的物质环境外，心理环境也很重要。幼儿的个性不同、生长环境不同，表现出的方式也不同。有的幼儿热衷于在集体环境中积极用语言和肢体表达自己的内心情绪，而有的幼儿或许更钟情于"独处空间"。作为教师一定要尊重个性差异，一定要给予这些渴望"独处空间"的个体幼儿一段适应的时间，而不要盲目为之。

案例分享

附教案：

语言谈话活动："我的快乐六一"（大班）

● 活动目标：

（1）通过教师创设的谈话氛围，幼儿愿意围绕中心话题与同伴交谈关于六一的快乐生活。

（2）幼儿愿意以平静的心态耐心倾听他人的谈话，能用准确的词汇表达自己的想法。

（3）通过谈话交流，了解幼儿喜欢的六一活动，培养幼儿分享、合作的情感经验。

● 活动准备：

（1）幼儿过"六一"期间的各种照片及相关的视频图片。

（2）家长带幼儿体验"六一"节的活动照片。

● 活动过程：

1. 创设情境，引发幼儿谈话兴趣

师："今天，老师准备了很多庆六一的照片和小朋友六一节出去玩的照片和物品。看一看，和你身旁的小朋友说一说：这个六一节你去了哪里，你和谁去的，有什么好玩的，在那里发生了什么开心的、难忘的事情。"

我的快乐六一

2. 幼儿围绕话题自由交谈

（1）幼儿个别自由交谈。

幼儿边观看展品边围绕"快乐的六一"自由交谈，教师以同伴身份参与幼儿的交流。

（2）请个别小朋友在集体中分享过节的快乐事情。

师："刚才我听到很多小朋友说到了关于六一节的快乐事情，我想请××说说你是怎么过六一的，你觉得最有趣的事是什么？为什么觉得很有趣？"

3. 教师引导幼儿拓展谈话范围

师："现在请小朋友画一画自己觉得很有趣的事情。"

在幼儿分组自由绘画之后，教师请幼儿各自拿着自己的画，和小组的小朋友说说：你画的是什么地方，你还想去玩吗，为什么，明年准备怎样过快乐的六一呢。

4. 隐性示范新的谈话经验

教师拿出自己"六一"节的照片，谈谈自己"快乐的六一"和自己孩子在旅游时对保护环境的想法。请大家对感兴趣的照片和绘画内容继续自由交流。

课堂小练

根据谈话活动的总目标和中班孩子的特点，确定一个谈话主题，并制定相应的谈话活动目标。

三、课堂实战练习的组织与指导

幼儿园谈话活动是幼儿园专门语言教育活动的形式之一。那么，如何在幼儿园有效实施该活动呢？作为一名幼儿教师，仅仅会设计幼儿谈话活动的方案是不够的，更要将活动设计转化为实践活动，提高教师与幼儿的沟通能力，激发幼儿参与谈话活动的兴趣，提高幼儿的语言表达能力。

【课堂实战练习】

活动一：

设计日常生活谈话：小班"好吃的早餐"谈话活动。

活动准备：教师创设谈话情景，提出谈话主题，引导幼儿自由交谈。

教师提问：

①你们看老师在干什么？（展示各种食物）

②桌上这些东西是什么时候吃的？（早上）

③今天早餐你吃的是什么？

④你还吃过哪些早餐？

⑤吃了早餐后你感觉怎么样？

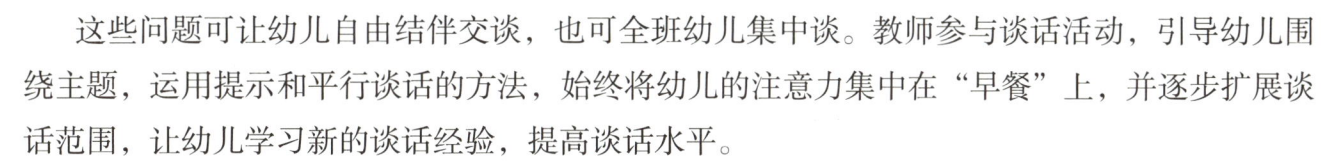

课堂实战练习

这些问题可让幼儿自由结伴交谈，也可全班幼儿集中谈。教师参与谈话活动，引导幼儿围绕主题，运用提示和平行谈话的方法，始终将幼儿的注意力集中在"早餐"上，并逐步扩展谈话范围，让幼儿学习新的谈话经验，提高谈话水平。

活动二：

设计大班集体谈话活动："我的进步"进行课堂训练活动。

活动要求：幼儿谈论自己进步时，不只是要说有什么进步，还要告诉别人开始你怎样？后来又怎样了？这样别人对你的进步就了解得更清楚了。

当幼儿表述不够丰富或不知如何表述时，可请同伴根据生活经验直接用语言对该幼儿的谈话进行补充。如：你认为他变化最明显的地方在哪里？也可以呈现幼儿的作品或通过照片呈现，帮助幼儿回忆生活经验，使话题得以继续和丰富。

各组先讨论修改教学活动设计方案，然后扮演教师和幼儿分组进行训练，教师轮流指导。

最后每组选出优秀"讲课教师"进行全班展示，代表小组比赛。

①当学生实际模拟幼儿园谈话教学活动时，注意指导学生的教态、语言是否得体、恰当，过程是否合理。

②当学生模拟上课结束后，要求学生先自我反思所组织的活动是否达到自己的预期，有哪些方面做的满意，哪些地方需要改进。

③要求其他同学点评。

④教师总结该同学的本次活动有哪些需要注意的地方，指出并希望其他同学借鉴和注意。

注：

学生开展模拟活动最主要的目的是获得组织活动的直接经验，把所学的理论运用于实践中，这和该生的性格、理解能力、动手操作能力和灵活性、教育机智等有密切关系，所以教师不可以急于求成。

【教育策略】

幼儿谈话活动的教学组织容易集中幼儿的注意力，激发幼儿积极的思维活动，发展幼儿语言表达能力。但是，教师在组织教学时也经常会出现一些问题，本节结合教学中容易出现的问题，介绍以下几种教学策略。

1. 谈话内容要有趣味性

在选择谈话活动内容时，必须坚持以幼儿的生活经验和兴趣为出发点。很多幼儿教师在进行谈话活动内容的设计时，基本上是为了照顾教师的设计便利和课本的安排程序，忽略了幼儿在内容选择中的主体地位。缺少幼儿主体性的谈话，就失去了谈话活动的意义和价值。

2. 注重谈话情境的创设

《幼儿园教育指导纲要（试行）》中指出："语言能力是在运用的过程中发展起来的，发展幼儿语言的关键是创设一个能使他们想说、敢说、喜欢说、有机会说并能得到积极应答的环境。"因此，语言环境的创设非常重要，而在教学实践中，很多幼儿教师为了方便，往往忽略这一点。语言环境的创设主要需要从以下两个方面入手：

（1）注重物质环境的创设。

在创设谈话活动的物质环境时，必须以主题活动开展的需要为线索，创设丰富多彩的活动环境。例如，某幼儿园教师，在进行"我喜爱的小动物"主题活动环境创设时，先请幼儿从家里带来自己喜爱的小动物的玩具或模型，然后在班级的一角，布置一个与小动物有关的活动区角。例如，贴上各种各样的小动物简笔画、照片、剪纸等；放几种不同类型的手工作品，如彩泥捏的大象、彩纸卷的乌龟、废旧纸杯做的小猪等。在这样精心设计的情境中，幼儿如同走进了一个动物王国，每个孩子都被吸引着、激励着，迫切地等待着与同伴分享自己喜爱的小动物。

（2）要注重精神环境的创设。

精神环境主要是指一种心理氛围，具体表现在教师与幼儿、幼儿与幼儿之间的相互作用和交往方式等方面。在谈话活动中，要想使每个幼儿敢谈、乐谈、畅谈，就要建立民主平等的师幼关系和友好合作的同伴关系，创设和谐自由、健康安全的心理环境。例如，在开展"我喜爱的小动物"谈话活动中，教师让幼儿自由组合，分成若干小组。这样的分组，符合幼儿的意愿和需要，他们在进行谈话和交流时才不会感到拘谨和陌生，而更多的是拥有一种亲切、自由和安全的感觉。教师在和幼儿谈话时，要多用积极的语言鼓励幼儿，如"你真了解小狗，说得太好了"。总之，在谈话活动中，教师要多一些鼓励、肯定和欣赏的态度，尽量给幼儿创造条件，让他们多交流多合作，最大努力地创设一个自由、宽松、融洽、有序的谈话氛围。

3. 谈话过程中处理好师幼关系

师生关系是幼儿园教学活动中最基本最重要的关系，师生关系的状况直接影响到活动开展质量高低和幼儿的健康发展。在开展谈话活动时，一些教师仍然对自己角色和应该发挥的作用、幼儿在谈话中的地位以及如何正确处理师幼关系没有一个清醒的认识，容易在活动的开展中产生"一言堂""离题千里""听说分家"等问题。例如：有些教师说得多而幼儿说得少；个别幼儿说得多，而部分幼儿说得少；幼儿谈话偏离主题，教师引导不及时；幼儿只乐意自己说，却不愿听别人讲，容易造成局面的混乱，严重影响谈话活动的秩序和效果。因此，在谈话过程中，教师要认清自己的角色，发挥相应的作用。

谈话师生关系

（1）决策者或主导者。

在谈话活动开始前的准备过程中，教师应该担当的是决策者或主导者的角色，特别是在环境的创设、活动主题的最终敲定、活动的设计与安排等方面。虽然教师在活动的准备中要尽量考虑到幼儿的身心特点、兴趣和需要，也要广泛听取家长和其他教师的建议，但是话题结果的选出，还是离不开教师最终的决定。

（2）引导者、参与者、合作者。

在活动进行中，教师应该担当引导者、参与者、合作者等多种角色：当活动进行到精彩纷呈时，教师此时应该把自己当成是小朋友中的一员，忘我地参与其中；当活动遇到困难，难以深入开展时，教师此时应该站出来把自己当成是一位大朋友，给幼儿适当的点拨和引导，使活动继续顺利进行。例如，在某大班"我喜爱的水果"的主题谈话活动上，幼儿都能够围绕着自己喜爱的水果，从它的外形、味道、口感等方面表达自己喜爱的原因。这样的谈话现状阻碍了活动的深入开展，教师见此情形，立刻站出来给幼儿以正确的引导。"你喜爱的水果对我们的

身体有什么好处呢？"可见，教师通过提问的方式，引导幼儿沿着"我喜爱的水果"这个主题逐层深入，拓展着谈话活动内容。

（3）总结者、评价者。

在谈话活动告一段落时，教师应该担当反馈者、总结者、评价者的角色。教师对幼儿进行指导与评价，这对激发幼儿的谈话热情、帮助幼儿养成倾听的习惯、提高幼儿语言运用能力是极其有效的。在活动的总结和评价中，教师不要太在意幼儿交流中出现的小错误，要给予幼儿出错的权利，应把他们的错误作为了解他们思路或经验水平的

分组交流

机会。教师要尽量多地鼓励和肯定幼儿的优点，不断激发他们谈话的积极性。例如，在"我喜爱的水果"的活动总结评价中，教师引导幼儿相互评价，对每一个幼儿给予充分表扬，并指导他们课下继续认识所喜爱的水果，给爸爸妈妈讲一讲。最后总结，教师还要引导幼儿多吃水果，不要厌食任何一种水果，以保障身体的健康发展。

4. 激发幼儿主动参与的兴趣

在谈话活动进行中，还要充分尊重和体现幼儿参与的积极性和主动性。教师要尽量创造条件，给幼儿提供自主地展示自我的机会。教师可以采用分组交流、集体分享、游戏活动的形式逐层展开活动，激发幼儿参与活动的兴趣。

（1）分组交流。

当引出谈话主题后，教师可以进行分小组谈话。小组交流是一种最能体现幼儿主体性的教学组织形式。分组时，教师可以让幼儿自由结合，这样形成的小组，可以确保谈话的氛围是和谐融洽的，有利于发挥幼儿谈话的积极性。在小组谈话时，教师尽量作为旁听的角色，轮流参与幼儿的谈话，主要了解幼儿关注什么、谈论的深度、谈话经验的积累程度等问题，尽量不要去纠正幼儿谈话时出现的词句错误，不要做示范，以免影响幼儿充分表达自己想法的兴趣。

（2）集体分享。

集体分享为每位幼儿提供了一个平等自由展示自我的平台。如果说小组谈话中有个别幼儿说得少或内容有错误，那么集体分享给他们一个表达或改正的机会；如果说小组谈话中个别幼儿谈得不尽兴，那么此时的集体分享则给他们一个更加广阔的舞台。在集体分享前，教师必须先做好示范谈话，把刚才小组谈话中出现的问题给予简单提示。比如，教师先在幼儿面前谈论自己的妈妈，她是什么样子，她在家里做什么事。然后要求幼儿围绕这两个问题，大胆地讲出自己对妈

集体分享

单元三 幼儿谈话活动

妈的认识。教师对谈话有困难的幼儿给予帮助和引导，对说得好的幼儿给予鼓励和赞赏，对认真听的幼儿也给予积极的表扬。

（3）游戏激趣。

游戏是幼儿的基本活动，幼儿在游戏中学习，在游戏中健康成长。在集体分享之后，每位幼儿对自己的妈妈有了一个比较形象的认识。这时，教师设计一个表演小游戏，让幼儿运用语言和动作表现生活里的妈妈形象。只见一名小朋友做抚摸着头的样子说"乐乐，不要看动画片了，该去吃饭了"，其他小朋友看到后，都饶有兴趣地扮演自己的妈妈。这个小游戏，不仅使幼儿练习了语言的交流，而且增加了"动作"机会，有利于调动幼儿的兴趣和参与的主动性。

创建谈话情境，引出谈话话题

总之，教师在组织幼儿谈话活动时，要摆正自己的位置，真正立足于幼儿的现有水平，激发幼儿的主动参与性，支持、鼓励幼儿与教师、同伴或其他人交谈，体验语言交流的乐趣，提高幼儿的语言表达能力。

课堂小练

请结合本节课讲的教学策略对课堂实战训练——幼儿谈话活动，进行总结或者评价，可以是小组评价或者自我评价，说一说优点和不足，提出建设性意见。

案例分享

案例一　我们会没有水喝吗？（大班）

设计意图：

水是一个能引发幼儿探究，能与幼儿已有经验建立联系，能有效整合多方面教育内容并能给孩子极大发展空间的活动主题。在孩子们的讨论中，对于"我们会没有水喝吗？"这一问题的分歧最为突出。这个论题能引发孩子多角度地思考水的问题，能为孩子们表达、交流不同见解提供机会。根据《幼儿园教育指导纲要（试行）》提出的"教育活动的组织……应注重综合性、趣味性、活动性"的思想，我设计了本次辩论会。

活动目标：

（1）关注水的作用及与人们生活的密切关系，形成爱护水资源的意识。

（2）能用多种方式阐述自己的观点并能大胆质疑。

（3）注意倾听对方讲话，在相互交流中恰当、有效、灵活地使用语言。

活动准备：

（1）开展关于水的生成活动：围绕水的话题组织漫谈并和家长一起进行关于水的调查、

77

观察生活中水的使用、参观自来水厂、访问水专家、查找有关水的资料。

（2）了解辩论基本方式，商量辩论内容及表达方法。

（3）观点展示表每组一张、标记每组一个、投影仪及多媒体课件。

活动过程：

1. 激发兴趣，引入辩题

（1）老师：我们先来看一个短片，小朋友边看边想，片中发生了什么事。

（观看水龙头中的水从有到无的课件演示）

（2）老师：你们认为这种情况真的会发生吗？我们真的会没有水喝吗？小朋友对这个问题有不同看法，那我们就来辩一辩吧。今天我们要来开个辩论会，辩题就是：我们会没有水喝吗？

我们会没有水喝吗

2. 确立观点，展开辩论

（1）老师：现在，辩论双方陈述观点，说明依据，并把资料展示出来。请分组用绘画、演示、讲述、表演等形式陈述自己的观点。

（根据查找到的资料，幼儿陈述观点及依据）

（2）辩论双方分别讨论，为自由辩论做准备。

（3）老师：接下来进入自由辩论，辩论双方可以自由发言，可以就对方观点提出疑问和不同看法。为了让大家听得清楚明白，每次只能有一位小朋友发言，前一位小朋友发言结束后，下一位才可以继续发言。

（老师仔细倾听每位幼儿发言，有目的地提问、启发、点拨，把辩论引向深入）

（4）老师：自由辩论结束了，小朋友的辩论十分精彩。我想问一问，通过刚才的辩论，有改变看法的小朋友吗？如果有，可以移动你的位置，到你赞同的一方坐下。与你旁边的小伙伴说一说为什么改变主意。

3. 交流感受，畅谈体会

（1）老师：我们邀请的嘉宾听了大家的辩论，她会有什么想法呢？会不会有跟大家不同的观点呢？会不会有好的建议呢？我们欢迎她告诉大家。

（2）幼儿交流体会和收获。老师鼓励幼儿大胆谈出自己参加辩论后的感受。

（3）老师：今天的辩论会到此结束。大家可能还有很多话想说，还有一些问题不太明白，那我们就再去问一问、想一想、找一找，然后大家一起来讨论，好吗？

（小结活动，激发继续探索的兴趣）

延伸活动：

（1）继续收集关于水的资料。

（2）给中小班小朋友讲述水的重要性和日常生活中节约用水的简单方法。

（3）制作节水标志，张贴在教室和家里。

（4）提出节水的小措施。

反思与评析：

在辩论会之前，围绕水这一话题已经开展了一系列活动。在这些活动中，孩子们带着各自的兴趣需要和已有经验去探索发现。在辩论中，辩论技巧、辩论结果并不那么重要，重要的是孩子们敢于用自己擅长的方式说出自己的想法，能初步形成以事实为依据的科学态度。在辩论过程中，孩子们互相提问、互相反驳，不仅营造了幼儿质疑的氛围，还训练了他们的反应能力和理解能力，提高了灵活运用语言的能力。

案例二　谈话活动：我的妈妈（小班）

设计意图：

"我的妈妈"是幼儿比较熟悉的话题，容易引起幼儿积极而有趣地交谈，基本符合小班幼儿的年龄特点和他们已有的经验。这个谈话活动的目标比较全面，其中有培养、有倾听的要求，有帮助幼儿学习围绕话题表达个人观点方面的要求，也有帮助幼儿学习口语交谈规则的要求。这些目标符合谈话活动对小班幼儿的具体要求。

幼儿谈话活动案例

活动目标：

（1）学会围绕主题谈话，能用简短的语句介绍自己的妈妈。

（2）培养安静地听同伴谈话、轮流交谈的习惯。

（3）加深对妈妈的了解，培养关心和热爱妈妈的情感。

活动准备：

（1）提前请幼儿观察自己妈妈的日常生活，了解妈妈在家做些什么事。

（2）每人带一张自己妈妈的照片。

活动过程：

1. 创设情境、引出谈话主题

"我们每个人都有自己的妈妈，而每个人的妈妈都不一样。今天请小朋友来说说你的妈妈是什么样子的？她在家里做些什么事情？"（由于幼儿对自己的妈妈比较熟悉，所以此活动中谈话情景的创设采用了提问的方式，有关"妈妈"的图片、谜语等也可用来创设情境、引出谈话主题。）

2. 引导幼儿围绕"我的妈妈"自由交谈

将幼儿分成几个小组或两两结伴，要求幼儿拿着自己带来的照片向同伴作介绍。教师轮流与幼儿的小组谈话，了解他们的谈话内容，间接引导幼儿围绕主体谈话。

（这一步要求幼儿借助照片围绕话题在小组和集体面前自由交流对我的妈妈的认识。这里的照片至少有两个作用，其一是避免幼儿谈话是跑题，其二是诱发幼儿对"妈妈"的记忆，使幼儿有话可说。）

3. 引导幼儿集体谈"妈妈"

幼儿自由交谈后，教师请个别幼儿在集体面前谈自己的妈妈。要求围绕以上两个问题，大胆地讲出自己对妈妈的认识。教师对幼儿的谈话给予赞许和鼓励，对认真、专心听同伴讲话的幼儿，也给予鼓励。

（这一步旨在引导幼儿相互学习谈"妈妈"的不同方法，分享同伴的经验。每一个在集体面前谈话的幼儿谈话结束后，教师需要进行简单的讲评。）

4. 通过提问，拓展谈话范围

（1）教师可以提出如下问题：你喜欢你妈妈吗？为什么喜欢她？你愿意为你妈妈做些什么事情？鼓励幼儿发表自己的意见。

（2）在幼儿谈话过程中，教师用平行谈话的方式，为幼儿提供新的谈话经验。如：我的妈妈是老师，妈妈的工作很辛苦，每天晚上都要看书、写文章。她会讲很多有趣的故事。我常和妈妈在一起整理图书，还帮妈妈做其他事情。我喜欢我的妈妈……

（3）教师小结。引导幼儿想一想：妈妈都很爱孩子，希望我们的小朋友成为好孩子。小朋友也应该关心妈妈、爱妈妈。

（教师通过三个提问"你喜欢妈妈吗？""为什么喜欢她？""你愿意为妈妈做些什么事？"启发、引导幼儿逐步拓宽谈话范围，使幼儿在谈话过程中不知不觉地学到新的谈话经验。）

5. 欣赏歌曲《我的好妈妈》，结束活动

● 案例评析：

这个谈话活动设计的结构合理，符合谈话活动的结构要求，包含了三个步骤。第一步，教师通过语言和照片实物创设谈话的情境，引出谈话话题；第二步，要求幼儿借助照片围绕话题在小组和集体面前自由交流对"我的妈妈"的认识；第三步，教师通过三个提问"你喜欢妈妈吗？""为什么喜欢她？""你愿意为妈妈做些什么事情？"启发、引导幼儿逐步拓宽谈话的范围，使幼儿在谈话过程中不知不觉地学到新的谈话经验。

单元三　幼儿谈话活动

实践活动

项目一　观摩、评价幼儿园谈话活动

内容： 学生分小组介绍自己找到的优秀幼儿谈话活动视频，在全班播放，进行介绍和评析。

要求：

（1）视频可以是自己在幼儿园录制的，或者本小组录制的活动，也可以是从网上下载的。

（2）介绍者要说明推荐理由。

（3）其他学生重点记录教学组织的各个活动环节，学习教师的过渡语，能利用所学知识对教学活动作出合理的评价，指出其优点和不足，如有不足，可以提出修改建议。

中班谈话活动
《我的弟弟妹妹》

项目二　组织一次幼儿集体谈话活动课

内容： 设计一个完整的幼儿集体谈话活动的教案，开展幼儿园的模拟教学，分组竞赛。

要求：

（1）教案要求有活动目标、活动准备、活动过程和拓展延伸。

（2）教学过程要求有教具或者 PPT 等。

（3）以小组为单位，参加班级竞赛活动，并且进行集体评析。

大班谈话活动
《我长大了》

项目三　进行一次关于本地区师幼沟通问题的调研活动

目的： 为了更好地了解本地区幼儿教师与幼儿沟通过程中的问题，对未来的工作岗位有比较清楚的定位。

内容： 以小组为单位，查找相关资料，设计好调研的问卷，建议从以下三个维度展开。

（1）教师和幼儿沟通过程中容易出现哪些问题？

（2）如何解决这些问题？

（3）对一些特殊群体（如对留守未成年人、残疾或病患幼儿等）或少数民族幼儿，在沟通过程中需要注意哪些问题？

如何解决农村留守儿童心理问题

要求：

（1）提前做好问卷，可以进行线上问卷调查，也可以进行访谈。

（2）认真分析调研结果，分析幼儿教师的年龄、职称、性别等是否会影响问卷结果。

（3）将小组的调查报告在班级群里分享，看看大家都有哪些发现和收获。

浅谈幼儿园谈话活动中教师的指导策略（节选）

四川省成都市成华区金苹果博文幼稚园　冯菊元

一、提问的技巧

1. 问题不宜多

同时抛出两个或两个以上的问题，容易让幼儿顾此失彼，一个也回答不全面。因此，对于低年龄段的幼儿，教师一次提问以一个问题为宜，即使是向大班幼儿提问，一次也不要超过两个问题。例如，在谈话活动"动物职业介绍所"试讲中，我在开始提问环节："什么是职业？职业介绍所是干什么的？动物职业介绍所是什么意思？"接二连三的问题像轰炸机一样轰向孩子，孩子们显得有些茫然不知所措，要么闭嘴不答，要么寥寥数语回答其中一个问题。于是，在正式执教的时候，我将问题调整为"职业是什么意思？职业介绍所是干什么的？"孩子们的思路就清晰多了，回答问题也积极踊跃了。

幼儿园活动

2. 问题指向要明确

指向明确的问题，能使幼儿很快抓住问题的实质，进行有效思考后回答。例如，谈话活动"我的老师"中，教师提问："你最喜欢哪一位老师？他是什么样子的？"孩子们就沿着老师的思路，对自己喜欢的老师进行了详细描述："Seven老师的头发很长，她的眼睛大大的，脸白白的，她喜欢穿有熊熊的衣服。她有时候有点严厉，但是很爱我们。""元元老师有时候扎一个马尾，有时候把头发挽起来，走路很快，喜欢笑，喜欢抱我们。"

二、教师的有效应答

1. 提高教师驾驭语言的能力

教师，尤其是幼儿园进行语言教学活动的教师，应该通过多渠道的学习，加强自身的文学素养。谈话活动的开场白或开门见山，或曲径通幽，或陈述，或反问，但都必须吸引幼儿思考、回忆，将思维的细碎片段拼合成一句或一段精彩的话，与他人交流。

2. 运用推敲式的应答

在谈话活动中，教师积极有效的应答对谈话活动的深入进行起到重要的作用。但是当孩子的回答与教师的设想有差距时，教师不要随意打断幼儿的话，自己抢着代答；也不要在幼儿暂时回答不出问题时，包办代替。我们要给幼儿思考的时间和空间，可调整我们的提问，也可重复典型或别具一格的回答，多肯定、鼓励幼儿的回答。

3. 适时追问

在谈话活动中，追问是防止孩子"万变"的回答、离题万里的一种有效策略。如在"动物职业介绍所"的试讲中，当孩子们谈到动物的各项本领时，有孩子说道："猴子最大的本领是爬树，也特别喜欢吃香蕉，你知道吗？我和妈妈去海南旅行，那里的香蕉可多了，香蕉挂在树上，不是黄色的，是绿色的，跟我们这里的香蕉不一样。""对对对，我上次和妈妈去水果店买香蕉，叔叔拿了一箱新的香蕉，也全都是绿色的，没有黄色的。我说绿的香蕉没有熟，不能吃。妈妈说放一放就黄了，后来真的黄了……""绿的香蕉是硬硬的，吃起来涩涩的……""皇帝蕉好吃。"教室里顷刻间炸开了锅，教师只好"望蕉兴叹"！其实，在第一个孩子谈话时，教师应果断阻止他的喋喋不休，追问："哦，猴子爬树的本领可大了，那它可以做什么工作呢？"从而将谈话拉回给动物们找工作的主题上来。

4. 使用适宜的评价语

杜绝"哦、嗯、真好、很棒、真聪明"等套话。尤其是在集体谈话环节，教师更应专注地倾听幼儿的谈话，觉察幼儿的点滴进步，让幼儿学习教师的风范，感受教师的关爱。如在谈话活动"动画片里的人物"中，教师与幼儿集体分析谈论不同人物的性格的时候，由于幼儿轮流讲述、倾听能力以及教师的有效回应的意识等方面的原因，集体谈话环节显得极其平淡，甚至有点死气沉沉，没有达到"谈起来"的效果。因此，教师也必须认真倾听，从而及时对幼儿的谈话做出适宜的评价。如"他用喜羊羊依靠蜂蜜打败了灰太狼的故事说明喜羊羊是聪明勇敢的，你还能用别的故事说明喜羊羊是聪明勇敢的吗？""除了喜羊羊是聪明勇敢的，还有谁是聪明勇敢的？为什么这样说？"总之，在谈话活动中，教师应调动一切资源，找到各种有效的指导策略，发现幼儿创造的火花，以自己的真情实感，深深领悟，由衷赞叹进行表达，让幼儿有话可说，有话敢说，有话愿意说！

——摘自《动漫界：幼教365》2015，44

单元四　幼儿讲述活动

学习目标

1. 能够概述学前儿童讲述活动的基本含义以及在学前儿童教育中的作用。
2. 能够列举学前儿童讲述活动的常见类型。
3. 能够概述学前儿童讲述活动的特点。
4. 能掌握并运用学前儿童讲述活动的设计思路和优化原则。
5. 能够独立设计一个学前儿童讲述活动的教学设计，并且能完成讲述活动的说课。
6. 能够完成小组合作的讲述活动教学任务和教学评价，培养教学反思意识，促进教科研能力的发展。

任务导入

总任务：幼儿讲述活动的说课
- 子任务1. 根据幼儿年龄特点选择讲述活动
- 子任务2. 设计讲述活动的教案和说课稿
- 子任务3. 说课活动的准备，如教具、PPT
- 子任务4. 讲述活动的说课实践

单元四 幼儿讲述活动

基础知识

一、幼儿讲述活动概述

1. 幼儿讲述活动的概念

讲述活动是教师通过各种途径，运用有教育意义的、幼儿能理解的图片、实物或多媒体等多种手段作为一定的讲述对象，在相对正式的语言环境中，启发和引导幼儿运用恰当的语言独自表达自己的想法、观点，从中接受教育的一种语言教学形式。讲述活动因其内容丰富、教学手段灵活、语言环境相对宽松，并为幼儿提供充分的语言练习机会而成为幼儿园语言教育的重要形式之一。

幼儿讲述活动

2. 幼儿讲述活动的作用

幼儿讲述活动就是教师有目的、有计划地为培养幼儿的表达能力所涉及的教育实践活动。讲述活动对于培养幼儿的独白语言、锻炼其倾听表达能力，促进其思维、记忆与想象均有十分重要的作用。具体来说，有以下三个方面的作用：

（1）锻炼幼儿独白语言的能力。

众所周知，语言发展主要包括口头语言发展和书面语言发展，由于幼儿的年龄特点和身心发展的规律，使得幼儿期的语言发展以口语发展为主。口语又分为独白和对话两种语言方式。讲述活动的语言方式主要是独白语言，是指在比较正式的场合中，个人独立构思，运用连贯、完整的语言进行清楚的语言表述活动。这就要求幼儿逐渐学习在集体中独立、大胆、自信地把自己的想法、一图、一物、一情节讲清楚，让他们的语言表达能力在这个过程中逐步得到发展。

（2）丰富幼儿的感性经验，提高理解能力。

因为讲述活动需要借助一定的凭借物，这就要求幼儿在讲述前必须认真仔细地观察，多方面感知讲述对象，感知越详细，讲述越全面。通过讲述活动，幼儿也能够掌握观察认识事物的顺序和方法，从而提高幼儿对事物的理解能力。

（3）发展幼儿的思维和想象能力。

在讲述活动中，尤其是排图讲述活动，要求幼儿先仔细观察每张图片的具体内容，思考图片之间的关系，找出其逻辑顺序，进行合理的排序后再讲述。这就要求幼儿观察、分析事物的特征，以及事件发生的原因和顺序，理解并领会人物角色在不同场景、状态下的思想感情，幼儿要经过一定的逻辑推理、判断、分析，才能认识自己所要讲述的内容，有时还需要幼儿对事物或图片产生丰富的联想，然后组织自己的语言并连贯地表述出来。这非常有助于培养幼儿的

85

逻辑思维能力和想象能力。

3. 幼儿讲述活动的类型

讲述活动根据不同的标准有不同的分类，如根据凭借物的特点，讲述活动可分为以下几种类型。

（1）看图讲述。

看图讲述即根据教师提供的图片来帮助幼儿进行讲述。图片来源可以是教师自己制作的图片，也可以是印刷出版的图片，还可以是边讲边创作的半成品图画；根据图片的数量等特点，也可分为单幅图讲述、多幅图讲述、拼图讲述、排图讲述、绘图讲述、粘贴画讲述等多种形式。

幼儿看图讲述活动

（2）实物讲述。

实物讲述是借助具体的实物来进行的讲述。实物可以是真实的物品、玩具、教具、模型等。其特点是真实可靠，在组织讲述时应指导幼儿充分感知、理解实物的特征。

（3）生活经验讲述。

生活经验讲述是根据幼儿已有的生活经验，用完整、连贯的语言讲述自己所经历过或见过的具有深刻印象或感兴趣的事情。这类讲述不仅能够锻炼幼儿独立运用连贯语言的能力，还能促进幼儿观察、了解日常生活和社会生活的能力，启发其好奇心和求知欲，扩展相关知识经验。

（4）情景表演讲述。

情景表演讲述是要求幼儿凭借对某些情景表演的感知理解来进行的讲述，情景表演可以是对儿童文学作品、动画片等内容再创作的真人表演或者是木偶表演，教师在引导幼儿观看表演的同时或结束后，要求幼儿根据自己对情景表演的理解来进行讲述的一种活动。另外，也可根据语言编码特点进行如下分类：

叙事性讲述。用口语把人物的经历、行为或事情的发展顺序、变化讲述出来。

描述性讲述。通过观察，用生动形象的语言，把人物的形象、状态、动作或者物体以及景物的性质、特征具体全面地讲述出来。

议论性讲述。通过摆明自己的想法、观点，举例子、摆事实，来简单阐述自己赞成什么或者反对什么。从而锻炼培养幼儿的语言逻辑水平，发展其逻辑思维能力。

当然，随着教学改革的不断深入，还可以挖掘出以下几种讲述活动的新形式：

主题绘画讲述。在进行主题教学活动后，根据活动的主题进行绘画，然后让幼儿讲述自己绘画作品的形式；同时，还可以变换绘画的形式，利用捏泥、手工制作、剪贴画、连环画等多种方式让幼儿结合主题进行讲述。

创意拼图讲述。教师提供各种拼图材料，以及拼板积木、雪花积木、磁力片、磁力积木等

单元四 幼儿讲述活动

结构型玩具，让幼儿自己创作然后进行讲述。

感受音乐式讲述。 欣赏音乐后，在旋律和节奏的熏陶和感染下，幼儿把自己的想法、情绪感受讲述出来的一种形式。

头脑风暴式的即兴讲述。 为幼儿营造一种自由宽松的语言氛围，请一名幼儿提出问题，全体幼儿凭借对此问题的了解各抒己见，讲述自己看法的一种活动形式。此类活动要求幼儿既具备一定的语言组织基础，又能提出自己的见解、看法，所以一般在大班幼儿中开展。

4. 幼儿讲述活动的特点

（1）讲述活动要有一定的凭借物。

幼儿园的讲述活动，一般有一定的凭借物。所谓凭借物，就是指在讲述活动中，教师为幼儿准备的或幼儿自己参与准备的图片、实物等具体事物以及设计的主题或情景等。在讲述中，教师往往由凭借物的直观特点唤起幼儿已有的经验，限定幼儿讲述的范围，引发其表达的愿望和主题，同时还需要留给幼儿独立思考、构思和组织语言的机会，讲述活动围绕凭借物展开进行。教师也通过凭借物给幼儿呈现出讲述的中心内容，使得他们的讲述语言具有一定的指向性，因为凭借物的选取决定了幼儿讲述的指向和范围。

幼儿讲述活动的特点

（2）讲述活动有相对正式的语言环境。

语言的表达离不开具体的语言环境，在不同语言环境下所使用的语言是不一样的，不同的语言环境对语言的使用也有不同的要求。讲述活动为幼儿提供的是一种学习和运用比较正式的、规范的语言场合。幼儿在讲述活动中，要充分感知理解凭借物，积极思考，合理组织自己的语言，自主调节自己说话的语气语调等说话方式、交流范围、表达风格以适应这一特殊场合的要求。幼儿在进行讲述活动时，不能像谈话活动那么宽松、自由，也不像文学艺术作品活动那样有严格的语言范式。所以幼儿在进行讲述时，应该经过比较完整的构思，有头有尾地说出一段相对完整的话来，在遣词造句方面，也要尽量使用正确、准确、规范、合乎语法规则的语言。如，在说明性讲述中，"苹果的肉肉"应用"果肉"一词来代替，"苹果上面的杆杆"可以用"苹果柄"来表述，以达到规范、准确、简洁的表达效果。

（3）讲述活动旨在锻炼幼儿的独白语言。

独白语言与叙述思想、情感相联系，是个人独自进行的较长而连贯的语言。讲述活动的语言方式主要是独白语言。讲述活动是在比较正式的语言场合中，个人独立构思，运用连贯、完整的语言进行清楚的语言表达。在此过程中，由于语境的严肃、正规，使得个人的讲话不能漫无边际、信口开河，需要有事先构思讲述的思路和内容，传递给听众的是清晰、完整、连贯的信息。对于幼儿来说，相当于在有限时间内的口头作文，虽然没有事前拟稿，但通过活动的开

87

展促使幼儿不断运用独白语言，能够感知不同凭借物的特点，依据讲述的话题的性质、使用恰当的语言来进行。

> **课堂小练**
>
> 参考后面的"案例分享"中的两个案例：实物讲述——娃娃（中班）和看图讲述活动——小老鼠运鸡蛋（小班），说一说讲述活动的分类及特点。

二、幼儿讲述活动的优化设计

讲述活动是教师运用有教育意义的、幼儿能理解的图片、实物等多种手段，启发幼儿运用恰当的词语表达自己的想法，从中接受教育的一种语言教学形式，讲述活动的内容丰富、教育手段灵活多样能够为幼儿提供充分的语言练习机会。尽管讲述活动的类型多种多样，但由于其具有共同特点，所以讲述活动的教学设计思路和组织大致可以归纳为四个步骤来进行。

1. 感知理解讲述对象

前面提到，讲述活动的特点之一就是具有相对固定的讲述对象，即凭借物，因此，教学的开始，教师应根据凭借物的特点，引导、帮助幼儿对这种凭借物进行感知理解。感知理解讲述对象，主要是通过观察的方法，而观察，应该是运用多种感官、恰当的观察方法全面细致地观察，获得相关信息。所以教师在引导幼儿观察时，一方面不应仅仅局限于视觉汲取信息，另一方面也应教给幼儿正确的观察方法。如：常见的看图讲述、实物讲述等，既要教给幼儿整体把握实物的特征，也要让幼儿学会有顺序地或从上到下或从左到右等观察实物的具体细节，从而形成对事物的完整认识。例如：大班实物讲述"我的文具盒"，教师在导入后通过提问和活动方式让幼儿感知讲述对象：

（1）老师："你们知道这是什么吗？"（文具盒）

这是什么形状？什么颜色？有什么图案呢？

文具盒有什么用呢？（装铅笔、橡皮）

（2）幼儿自由参观"文具商店"，每人选择一个自己最喜欢的文具盒回到座位。

老师："你们想不想要文具盒呢（想）。哟——哟——哟，有这么多文具盒呀，现在我们小朋友轻轻地上来选一个自己喜欢的文具盒。"

教师在指导幼儿进行感知、理解讲述对象时，应注意以下几个问题：

首先，教师要根据不同类型讲述活动的特点来引导幼儿进行感知理解。如描述性讲述，感知的重点应把握事物或图片等凭借物的外在特征、状态、具体动作，一般表述为：是什么，怎么样……；而叙事性讲述则侧重于感知理解事情发生了什么，发展的顺序和过程是什么……

其次，教师要根据凭借物的特点来引导幼儿进行感知理解。前面提到，讲述活动的凭借物种类很多，不同凭借物呈现不同特点，教师在引导幼儿感知时，要把握这一类讲述对象的主要特点。如看图讲述，若为静态图片，应注意观察图片中的场景、人物之间的关系，若为几幅平面的图片，则还应对比去感知，找出其内在联系；但若是动画片讲述，教师不仅要引导幼儿感知整个故事的完整性、画面感，还要理解里面的对话，了解故事情节的开展，这就不仅有视觉的信息，还有听觉的信息，加上幼儿对情节的记忆了。所以，教师在指导幼儿感知理解讲述对象时，应抓住这类讲述对象的特点去组织教学。

幼儿讲述活动"文具盒"

最后，教师要根据讲述活动的具体要求来引导幼儿进行感知。无论是主题讲述活动，还是网络讲述活动，无论是第一次进行讲述，还是引导扩展的讲述，每一次讲述活动的目的要求都是不一样的，这就要求幼儿学习有中心、有侧重点地进行讲述。

一日生活中的讲述活动

2. 运用已有经验进行讲述

通过幼儿充分感知、理解讲述对象，教师应积极引导幼儿运用已有的语言表达和知识经验进行讲述。在这一过程中，教师要为幼儿创造一个自由、宽松的语言环境，鼓励和引导幼儿自由发挥、大胆发言，要注意不要过于刻板地关注幼儿语言表达的方式。在这样的语言氛围中，提高幼儿参与活动的积极性、主动性，锻炼幼儿独立表达的能力，同时应兼顾不同幼儿语言发展水平的差异，不要管得过宽、过死，尽可能让每个幼儿都有参与的机会。

在讲述的环节，根据讲述活动目标以及类型的差异，合理组织幼儿采用不同方式讲述，一般有集体讲述、分组讲述和个别讲述三种。

集体讲述是指在教师的统一引导下，以集体活动的形式来进行的讲述。在这一方式中，每个幼儿都有围绕感知理解讲述对象来充分发表自己的看法和见解的机会。如，生活经验讲述"我的春节"，让每个幼儿都介绍自己过春节的经历。教师不做统一要求、规定。

讲述活动"我的春节"

分组讲述是指根据本班实际情况以及幼儿语言发展水平差异，把班级人员分成若干小组，一般每组 4～6 人。本组幼儿围绕共同感知的讲述对象轮流进行讲述，这种讲述形式为幼儿提供了更多的讲述机会，带有一种直接交流的性质。

89

个别讲述一般是幼儿两两一对，一对一地来进行讲述，也可以是对着假想的角色来进行讲述。这一方式带有非常明显的个人色彩，对幼儿具有相当的吸引力。

例如，大班实物讲述"我的文具盒"中，该环节设计如下：

（1）幼儿先与身旁的同伴自由交流自己选择的文具盒。

老师：好，每个小朋友都找到自己喜欢的文具盒了吧，现在我们和旁边的好朋友说一说你手中的文具盒。

（2）个别讲述。

老师：谁愿意到前面来跟大家说一说。注意哦，小朋友在说的时候，我们的小观众们要认真听，尊重他们哦。

无论哪种方式，或者是不同方式的结合，教师在指导幼儿运用已有经验进行讲述时，都应清晰、明确地提出讲述要求，在幼儿讲述时，注意倾听和引导其他幼儿倾听，不随便打断幼儿的讲述，也不过多指点幼儿进行讲述，当幼儿遇到讲述困难时，可以通过简单提问、提示等方式扩展幼儿思路，帮助幼儿，鼓励幼儿进行完整讲述。

3. 引入新的讲述经验

如果说上一环节是幼儿在自己原有讲述水平上的练习，那么这一阶段，教师则应进入为幼儿提供新的讲述经验的过程。引入新的讲述经验一般是一次活动的重点和难点阶段，教师要根据本班幼儿语言发展的实际水平和上一环节幼儿讲述呈现的状态来引入新的讲述要求，新的讲述经验主要是指讲述的思路和讲述的语言表达方式。教师在进行引导时，首先应对上一阶段讲述出现的不足和问题做简单的点评总结，也就是帮助幼儿进一步厘清思路，让整个讲述活动更加清晰、有条理，从而让幼儿进行模仿学习，提高讲述能力。

例如，大班实物讲述"我的文具盒"中，该环节设计如下：

（1）从实物投影仪里观察老师选择的文具盒，听老师用句式来介绍文具盒上的图案。

老师："我的文具盒的形状是××；颜色是××；图案有××、××，还有××；打开里面有放××。我很喜欢我的文具盒。"

老师：我是怎么说的，我先讲的什么？然后说了什么？最后说了什么？（根据幼儿的回答教师出示相应的图标帮幼儿获得新的讲述经验。）

（2）幼儿自由练习按序讲述。

老师：现在我们再来按着顺序说一说你的文具盒，记住要先说形状、颜色，再说图案，最后说功能，别忘了介绍完以后说一说对它的喜爱。

在引入新的讲述经验时，教师应注意以下几点：

首先，教师可以通过示范的方式向幼儿提供新的讲述经验，在示范时，要帮助幼儿厘清思路，让幼儿知道先讲什么、后讲什么，使得幼儿在讲述的时候有一定的顺序和条理性，这样可以帮

单元四 幼儿讲述活动

助幼儿专注要讲述的内容，不会顾此失彼或顺序颠倒。并且，教师的示范仅仅是讲述思路的一种，绝不是幼儿模仿的模本，也不要求幼儿一定按照教师讲述的内容一字不漏地模仿，否则会大大影响幼儿参与活动的积极性。当幼儿有好的想法和思路时，教师要给予及时的表扬和鼓励。

其次，教师在引入新的讲述经验时可以通过提示或提问来完成，这时提问或提示的识记很重要。虽然在讲述过程中，教师没有明显地示范，表面上还是以幼儿讲述为主，但教师通过提问或提示，无形中也在影响、改变幼儿讲述的思路，引导幼儿深入。幼儿在进行讲述时因存在个体差异，会有不同表现，水平较低的幼儿可能表现在仅能做出列举的反应，水平高的幼儿讲述可能更具体、详尽，所以教师在进行提示和插入时，要有一定的针对性。

最后，当幼儿的讲述条理不是很清晰，或者出现讲述瓶颈甚至卡壳时，教师也可通过和幼儿积极讨论来完成对新的讲述经验的学习。教师也可以从分析、讲解某一幼儿的具体讲述内容入手，也可从大家出现的共同问题入手，与幼儿一起谈论、归纳新的讲述思路，提高幼儿的参与程度和积极性，加深幼儿对新的讲述经验的理解。

4. 巩固和迁移新的讲述经验

通过前面的引导，幼儿基本了解新的讲述经验，但教师还应给幼儿提供实际操作练习新经验的机会，以利于他们真正掌握这些经验。因此，讲述活动的最后一个环节，教师可设计不同活动来巩固、迁移新的讲述经验。这一环节既可以放在活动的基本环节当中，也可以在活动的延伸环节进行。

例如，在大班实物讲述"我的文具盒"中，该环节设计如下：

老师：老师还准备了一些文具，有铅笔、橡皮、刨刀和尺子。请你们每人来选一样文具给"客人"（老师）介绍一下，记住要按刚才的顺序说。

基于此，讲述活动也可以与其他方式活动如绘画、表演、游戏等结合在一起，具体形式可以有以下几类：

第一，由此及彼的迁移。幼儿学会了一种讲述经验，教师可以创造机会让其运用同样的讲述思路对另一件事物或事情进行讲述。教师可以由浅入深地通过置换讲述对象，或更换角色来进行讲述练习，如中班幼儿学习了实物讲述"我们的鞋"，通过讲述了解到自己的鞋是什么样的、有什么好处、为什么喜欢，等等，还可以迁移到"爸爸的鞋""妈妈的鞋"等讲述对象。

猴大哥

第二，转换式迁移。教师指导幼儿学会了一种讲述经验，可以转换一种思考问题的方式，从而引出新的讲述经验。例如，讲述活动"猴大哥"中一共有四幅图，教师在进行活动迁移时可以逆序出示图片，通过提问引导幼儿思考。图四：猴大哥头上有个血包，猴大哥怎么了？为什么会这样？图三：猴大哥摔了一跤，为什么会摔跤？图二：谁扔的香蕉皮？图一：揭示谜底。

这样的不断设疑，引发幼儿不断思考，不断推测讲述，最后揭示谜底，大大激发了幼儿的兴趣，吸引了他们的注意力。

第三，扩展补充式迁移。引导幼儿对讲述对象进行再加工、创造，或对情节进行补充、改编甚至创编等。如绘画作品或半成品的变换添加，构图活动中拼构图对象的增删等，均是在原有讲述的基础上，讲述对象通过教师或幼儿的活动发生了改变，引导幼儿依据新的讲述经验把这些改变进行扩展，讲述出来。

讲述活动的设计与实施

课堂小练

参考后面的"案例分享"，设计一节幼儿园讲述活动的方案，为下节活动实践课准备教案，要求：

（1）内容自选；
（2）教案格式完备；
（3）活动目标符合学生特点和认知规律；
（4）活动过程思路清楚，能突破重、难点，引导幼儿积极参与。

三、课堂实战练习的组织与指导

讲述活动教学设计仅仅是教学的一个环节，对于幼师学生来说，如何将讲述活动设计转化为教育教学实践活动，将写作能力转化为授课能力，提高课堂的组织能力和应变能力是本节内容所要解决的问题。如何开展讲述活动？选择什么样的讲述内容？怎样引导幼儿进行讲述？本小节将以幼儿园经常进行的"看图讲述"活动为例，深入分析讲述活动的基本要求，并指导学生设计一份看图讲述活动教案。

【课堂实战练习】

分组课堂模拟训练，设计一节看图讲述的幼儿园语言教学活动，进行课堂训练活动。

活动要求：各组先讨论修改教学活动设计方案，然后进行角色扮演教师，分组进行练习，教师轮流指导。最后每组选出优秀讲课教师进行全班展示，代表本小组比赛。

课堂实战

单元四　幼儿讲述活动

【教学策略】

1. 看图讲述指导要点

（1）选择适宜的图片作为凭借物进行讲述。

幼儿年龄小，无意注意占优势，色彩鲜明、形象生动、新颖有趣、活动多变、有声音的教玩具容易引起幼儿的注意。因此，在看图讲述活动中，教师应抓住幼儿注意力的特点，向幼儿提供能引起他们注意的图片，因为只有当图片的内容能引起幼儿的注意时，才会激发幼儿探索的兴趣。而兴趣是幼儿探索事物的关键所在，兴趣越浓，探索的意识也就越强，其讲述意愿就越强。

如幼儿卡通片中的人物形象，色彩鲜明、造型新颖，深受幼儿喜爱，极易引起幼儿的注意。首先，在教学中就把幼儿喜欢的卡通片中的超级飞侠、变形交警珀利、黑猫警长、葫芦娃等形象搬进画面，这些卡通形象幼儿非常喜爱，加上出现在与卡通片完全不同的背景中，往往会令幼儿产生一种不同于观看卡通片的新奇感，注意力马上被吸引，由此而产生了探索的兴趣。其次，教师为幼儿提供的图片应是多种形式的。除了印刷出版或老师绘制的图片、图书，还可以利用电脑、多媒体设施制作和放映幻灯片，屏幕上多变的画面更能激起幼儿探索的兴趣。最后，教师可以向幼儿提供各种建构材料，如积塑玩具、贴绒、磁铁教具、七巧板、泥工等，引导幼儿根据一定的主题自由构思，拼出各种各样的画面，并进行讲述。由于是幼儿自己动手构图，在操作的过程中，更加激起了幼儿对作品探索的兴趣。

（2）创设多媒体教学情境，提高幼儿注意力。

在教学《母鸡萝丝去散步》这个看图讲述活动的时候，为了让静止、无声的画面转为动态、热闹的场景，调动幼儿的情感和思路，教师可利用PPT给幼儿展示母鸡萝丝去过的七个不同的场景。一边说："萝丝散步的时候经过了许多地方，在这些地方发生了一些奇特的事情。那到底它经过了什么地方又发生了什么样奇特的事情呢？"各种不同的场景的创设以及狐狸在不同场景中惟妙惟肖的窘迫表情。这样一来，多媒体就给幼儿创设了一个语言环境，使他们在模拟的情境中产生了强烈的说话欲望；也可以使教师能更主动地控制教学过程，节省了教学时间，减轻了幼儿学习时的负担，优化了教学效果。

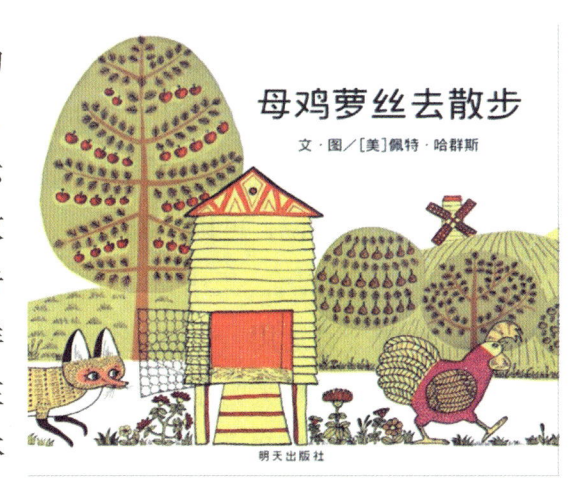

《母鸡萝丝去散步》

（3）丰富幼儿讲述经验，提高幼儿独白语言能力。

幼儿园看图讲述活动的重要目的之一是让幼儿获得语言讲述经验。所以，教师在进行指导

时，要根据幼儿已有经验进行深化，提高其运用语言的能力。

①**言之有物**。语言运用的经验，通俗地讲就是在什么样的场合、对什么样的人、说什么样的话。教师要善于创设和提供充分的条件和机会，设置多样的语言情景，激起幼儿听的敏感、对说者反馈的敏感以及随时调节修整语言使用方式的能力，从而促使幼儿获得语言运用的能力，在说话讲述时做到言之有物。此外，在讲述活动的组织过程中，教师还要善于通过提问引导幼儿，调动他们原有的生活经验，做到有话可说。例如：

存在描述。如地点、人物。

关系描述。如"你怎么知道这块地是小熊的呢？"

变化描述。如"现在和刚才有什么不同？"

想象描述。语言、心理活动，如"它们好像在说什么呢？"

方位描述。如"它的左边有什么？"

顺序描述。按"从左往右，从上往下，从中间往四周"的顺序指导幼儿有序观察讲述。

②**言之有序**。由语音、词法、句法构成的语言形式，在习得和运用过程中是相互结合、综合一体的，所谓音不离词、词不离句。教师要有计划、有目的地设计和组织词句练习，以使幼儿获得语言形式的经验。

（4）选择恰当的教学方法。

看图讲述的教学主要采用集体授课式，集体看图、提问回答，这种方式便于集中指导，有利于教师与幼儿及幼儿与幼儿之间的交流，但这也存在弊病：由于发言的机会有限，难以让全体幼儿有充分讲述的机会。特别是那些口语发展较差的幼儿，怯于在众人面前发言，教师往往忽视他们。建议采取以下几种方法：

①大图与小图结合。大图便于幼儿的注意力集中，利于教师集中指导，适合面向全体幼儿使用。但在运用大图时也可提供相应的小图。小图可以人手一份，幼儿面对小图，必然会主动地去看、去想、去说，可以做到全体幼儿都主动参与。

②集中与分组结合。集中讲一讲、分组议一议，再集中讲一讲、分组议一议。一般是集中在前，分组在后，或交叉运用，分组是集中的延续、扩展。分组可以是指定的，也可以由幼儿自由结合。分组的优势是化大为小，自由、灵活，幼儿参与的机会多，讲述的顾虑少，你一言、我一语，容易调动幼儿想和说的积极性。

③看、说、做结合，多种感官通道参与。

④利用声、形结合，引起幼儿强烈兴趣。

⑤游戏教学法，重难点前置。如活动"大鸡蛋"根据小班孩子的年龄特点，设计游戏"玩玩具、送小动物回家"，通过感受、体验，从动作到动词，既丰富了他们的感性经验，又巧妙地引入了重、难点，使幼儿在体验迁移中学习讲述，既轻松又快乐。

⑥目标任务法。如活动"猫和小鸭"从一开始就提出一个明确的目标任务——按什么讲述（讲述经验），让幼儿的讲述一直有一个明确的概念指向，教师的设计也围绕这个目标任务进行，并拓展。所以幼儿目标明确，主动参与意识强。

⑦层层推进法。如活动"小老鼠旅行记"按照"了解讲述对象（已有经验）——丰富讲述经验（心理活动的外在描述）——提高讲述经验（自主评价/教师示范）"的流程进行，每一次讲述都有新的要求，每一次要求都有新的策略，整个讲述体现出不断累加、不断丰满、不断提高的过程。

2. 看图讲述中的提问技巧

（1）提问要紧扣图片内容、简单明了。

在"看图讲述"活动中，教师呈现图片后，可采用直接的信息式提问，简洁明了，用最短的时间吸引幼儿的注意力，对画面进行粗略的观察，获取画面提供的显性信息，为讲述活动的顺利进行做好准备。如讲述活动"捉迷藏"，讲的是小白兔、小猫、小鸭、小鸟、青蛙等小动物在一起玩捉迷藏的游戏。讲述的目标是让幼儿通过仔细地观察，找到小动物的藏身之处，并用正确的语言表述出来，关键是"上面、下面、里面、外面"等方位词的运用。图片出示后，针对小白兔这一突出的主体形象，提出了这样的问题："小白兔闭着眼睛干什么呢？""还有别的小动物吗？""它们在哪里呢？"使幼儿在观察图片时，有比较明确的目标，能抓住主题线索，展开积极的思维。因为幼儿们有这方面的生活体验，所以在讲述时幼儿都能积极参与，这对口语的训练起到了较好的作用。

（2）提问要逐步深入、积极互动。

提问要根据幼儿的观察能力，逐步深入，此外，还要鼓励幼儿提问，引导幼儿大胆讲述。例如《鼹鼠的皮鞋车》这个活动，图片展现的是一个废物利用的故事：一只旧皮鞋，在小松鼠眼里一文不值，但是在勤劳、聪明、能干的小鼹鼠手里却成了一辆漂亮的皮鞋车，它送小兔子上学，为小松鼠送松果……教师要抓住"旧皮鞋变成皮鞋车"这条线索，提出适合幼儿能力水平的问题，并对幼儿的回答要以积极的态度应答，鼓励幼儿提出问题，形成积极的互动。

《鼹鼠的皮鞋车》

《纲要》新思想告诉我们，教师不仅是学习的组织者、引导者和指导者，更是幼儿各项活动的支持者、参与者和帮助者。当幼儿的讲述脱离了图片线索时，需要教师的及时引导。因此，《鼹鼠的皮鞋车》这个活动的重点是引导幼儿观察小鼹鼠经过旧皮鞋时的不同表情和动作，利用这些信息，掌握其中的因果关系，体会两只小动物对相同事物的不同态度和不同做法，从而

得到不同的结果。教师鼓励幼儿积极思维，学习用较完整、规范的语言进行交流和表述，特别是对"小鼹鼠是怎么把这只旧皮鞋做成了漂亮的皮鞋车？"这个问题，引导幼儿细致地观察，正确运用"提、冲、修、刷、推、按"等动词进行讲述，较好地促进幼儿语言组织能力和运用能力的发展。

（3）提问要具有开放性和挑战性，扩展幼儿讲述思路，丰富讲述内容。

教师在组织活动时，要用具有开放性和挑战性的提问，拓展幼儿的思维空间，引起幼儿积极思考和探索，读懂图片的画外之音，促进幼儿想象力的发展。

教师设计的问题一般有以下几类：

①**描述性问题。**

主要有："有什么？""是什么样的？""有谁？""在做什么？""是什么表情？"这类问题主要指向画面外在的内容，描述画面的人物、景物、动态等，是对画面的感性认识，是对画面的初步、基本的分析。

②**判断性问题。**

主要有："是什么关系？""在什么地方？""什么时候？""天气怎么样？""什么不一样？""什么一样？"这类问题是综合判断性的，要在对画面分解的基础上进行综合判断，才能回答。

③**推想性问题。**

主要有："像什么？""在说什么？""会想些什么？""之前是怎样？""后来会怎样？"画面是无声的、静止的，要回答这些问题，需要根据对画面外在内容的分析与判断进行推想。它是由画面内容联想到画外情节的讲述，是创编性、发散性的。

④**分析性问题。**

主要有"为什么？""是什么道理？""怎么知道的？"这类问题是追究性的问题，是对分析、判断、推想的追究，是说出依据的讲述，是由表及里的讲述。

一般看图讲述活动的提问主要是描述性、判断性和推想性。这三类问题是必要的。但只满足于提一些描述性、判断性、推想性的问题是不够的。缺乏分析性和追究性的问题，不注意引导幼儿挖掘画面的内涵，对画面的感知理解就会流于表面化、简单化。因此，教师在提问时应注意各类问题的有机搭配，但也要避免面面俱到、抓不住重点、什么都问，应根据教学的需要直截了当地提问，控制无关因素，使提问更具针对性。

课堂小练

结合教学策略，对本节课的课堂实战练习进行总结，可以是小组互评或者自评，说一说优点和不足，并提出建设性意见。

单元四　幼儿讲述活动

案例分享

案例一　实物讲述：娃娃（中班）

● 活动目标：

（1）指导幼儿用描述性的语言，完整、连贯地讲述"娃娃"。丰富相应的形容词如：漂亮、可爱、胖嘟嘟等。

（2）幼儿通过有趣的"猜猜谁不见了""改错"等游戏，对"娃娃"进行由特征到一般的有序感知和表述。

（3）帮助幼儿形成"听清楚了再回答"的倾听表述习惯。

● 活动准备：

（1）每组一个神态、性别、衣饰不同的玩具娃娃。

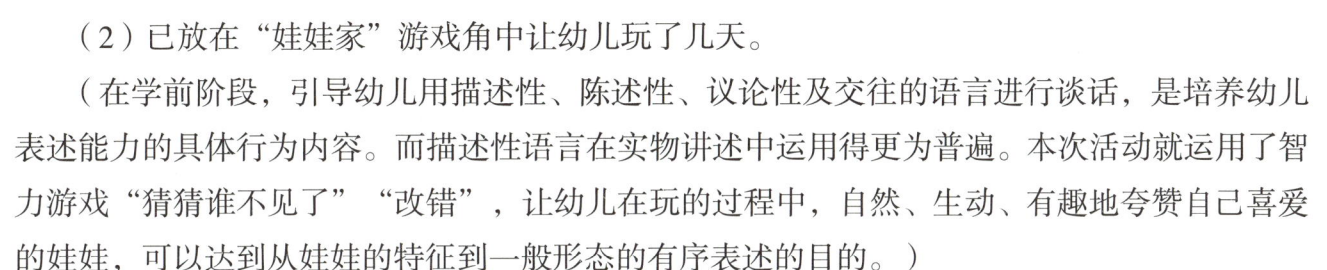

（2）已放在"娃娃家"游戏角中让幼儿玩了几天。

（在学前阶段，引导幼儿用描述性、陈述性、议论性及交往的语言进行谈话，是培养幼儿表述能力的具体行为内容。而描述性语言在实物讲述中运用得更为普遍。本次活动就运用了智力游戏"猜猜谁不见了""改错"，让幼儿在玩的过程中，自然、生动、有趣地夸赞自己喜爱的娃娃，可以达到从娃娃的特征到一般形态的有序表述的目的。）

实物讲述：娃娃

● 活动过程：

1.运用游戏"猜猜谁不见了"，引导幼儿感知理解"娃娃"

教师将六个娃娃（每组一个）展示在幼儿面前。请幼儿闭上眼睛然后拿走一个娃娃。老师提问："哪只娃娃不见了？"让幼儿集体回答。幼儿回答后，教师也可以进一步启发幼儿从某娃娃的特征到一般形态进行描述。可以提问："第几个娃娃长得什么样？"游戏可以进行多次，由教师藏娃娃大家猜，然后可以请几位幼儿上来藏娃娃大家猜"谁不见了"。

（这一活动重点叙述了游戏"谁不见了"的玩法。游戏的规则即是启发幼儿有序地运用描述性语言讲述娃娃的语言过程。）

2.运用"抱一抱，亲一亲"，让幼儿结伴讲述

（1）幼儿分组进行讲述（每组一个娃娃）大家依次抱娃娃，当抱着娃娃时，可以亲一亲、搂一搂娃娃，并说"我最喜欢娃娃×××（特征部分），因为娃娃穿着××（长着××）。"或"我的小宝宝，你的嘴长得像一朵小花，你的××长得像××"（抓住"特征到一般"进行描述）。

（2）教师以参与者的身份加入幼儿的讲述中去，以平行示范的方式引导幼儿用合适的形容词来形容娃娃。

（幼儿自由结伴讲述也是运用游戏的方法进行的。它很像民间游戏"击鼓传花"。可爱的娃娃在每个幼儿的手中传来传去，谁见了都忍不住抱一抱、亲一亲，说句夸奖的话。

如果哪位幼儿不愿说或说得不合适，这不要紧，教师可以参加者的身份抱抱、亲亲，夸一夸娃娃，为他们做示范，同时示意幼儿也来夸夸自己的娃娃。这种以游戏的方式进行的结伴讲述，可以减少幼儿表述时的紧张成分，使幼儿们得以调整自己的讲述经验，为下面的讲述作好准备。）

3. 运用"改错"游戏，提供讲述思路

（1）老师抱起娃娃：我的娃娃真快，你听，他长着像苹果一样的鼻子，绿绿的嘴唇，两条大大的耳朵，我真喜欢我的娃娃。

（2）幼儿运用集中讲述的方式，纠正教师不正确的讲述，同时说出正确的表述方式和思路。

教师可以这样启发幼儿：哪里说得不合适？为什么？如果要你说，你应该怎样讲述？怎样说才能让别人一下找到你的娃娃？

（提供新的讲述思路也是以游戏的方式组织起来的，教师故意说几句错话，让幼儿去纠错，因为中班幼儿已具备了初步识别字、词、句错误与否的能力。因此，在欢快的纠错活动中，他们又一次在自然、生动、有趣的玩耍中学习了新的讲述思路，并在纠错游戏中一遍遍地练习了新的讲述思路的表述方式。）

4. 从说"娃娃"到"夸"同伴

（1）请出一位幼儿。

（2）大家以集中讲述的方式"夸夸××小朋友"。老师注意引导幼儿运用先说特点、再说其他的讲述思路进行"夸同伴"。

（最后的层次，教师设计了"夸自己同伴"的活动，帮助幼儿迁移新的讲述经验。从玩具娃娃迁移到活生生的同伴。虽然人物变了，但是讲述的思路可以是相同的。于是，通过教师的指点，幼儿以与"娃娃"相同的思路，进行了有序的讲述，达到了迁移的目的。）

案例二　看图讲述活动：小老鼠搬鸡蛋（小班）

● 活动目标：

（1）学习用完整句讲述图片的主要内容，学习运用搬、扛、抱、抬、滚等常用动词。

（2）学习从整体到局部进行观察的方法。

（3）初步体验讲述活动的乐趣，学习安静倾听他人和同伴的讲话。

小老鼠搬鸡蛋

单元四 幼儿讲述活动

活动准备：

（1）小老鼠手偶、大鸡蛋。

（2）讲述图片PPT。

（3）讲述图片、手偶操作材料及头饰若干。

活动过程：

1. 出示手偶，引出活动主题

指导语：今天老师给小朋友玩"魔法魔法变变变"的游戏，看变出了几只小老鼠？几个鸡蛋？今天我们要看图学习讲述一个关于小老鼠和鸡蛋的故事。

2. 出示图片，引导幼儿学习观察并简单讲述图片的基本内容

提问：图片上有谁？在什么地方？

指导重点：提醒幼儿要使用完整句讲述。（如草地上有两只小老鼠，草地上还有一个鸡蛋。）

3. 幼儿分组讲述，引导幼儿学习用完整句讲述图片的主要内容

（1）幼儿两人一组按要求自由讲述图片。

指导语：小老鼠和鸡蛋之间发生了什么事情呢？请小朋友用完整的话来编好听的故事。

指导重点：引导幼儿用完整的话来编故事。

（2）请每组派代表讲述故事。

指导语：请小朋友仔细听故事，一会儿告诉老师，你最喜欢小朋友说的哪一句完整的话。

指导重点：提醒幼儿安静地倾听同伴讲述，并挑选出好的句子和词语让幼儿学习，丰富幼儿讲述经验。

4. 教师示范讲述，引导幼儿学习用完整句讲述及学习"搬"等基本动词

指导语：你最喜欢故事里的哪一句完整的话？故事里两只小老鼠是怎么样把鸡蛋运回家的？你能帮小老鼠想其他的办法把鸡蛋运回家吗？

指导重点：提醒幼儿用完整的话把故事说出来，并启发幼儿想出更多运鸡蛋的方法。

5. 幼儿分组讲述、表演，引导幼儿学习常用动词

（1）幼儿两人一组，操作手偶自由讲述。

指导语：请小朋友带上手偶，用完整的话编出一个好听的故事，再帮小老鼠想一个办法把鸡蛋运回家。

指导重点：引导幼儿操作手偶，学习常用动词，边表演边用完整的话讲述图片内容。

（2）每组派代表分角色表演新的搬鸡蛋故事。

指导语：请每组小朋友把自己编的好听故事边表演边讲给其他小朋友听，其他小朋友听一听，在他们的故事里，你最喜欢他们说的哪句完整的话？

指导重点：引导幼儿注意倾听同伴讲述，学习新的句子和词语，丰富幼儿的讲述经验。

活动延伸：

把活动操作的手偶、头饰、图片等投放到语言区中，供幼儿自由讲述。

附故事：

小老鼠运鸡蛋。一天，两只小老鼠来到草地上，它们发现一个圆圆的大鸡蛋。小老鼠想把鸡蛋运回家。怎么办呢？它们决定把鸡蛋搬回去。嗨哟，嗨哟！两只小老鼠一起把鸡蛋搬回了家。

注：

教案来源：妈咪爱婴网。

实践活动

项目一 评价一节幼儿讲述活动课

内容：评价大班看图讲述活动的教学设计。

要求：分析该活动的设计，重点分析教学过程教师的导入以及各个活动环节的衔接，能利用所学知识对教学的重难点等作出合理的评价。

附案例：

1. 题目：看图讲述

2. 内容

（1）看图片讲故事，模拟给儿童讲故事。

（2）模拟提问。

3. 基本要求

（1）看图讲故事。

①故事符合图意，语言生动有趣。

②给故事取名，名字有一定的概括性，符合图意。

③普通话标准，口齿清楚，语速适宜，有感染力。

（2）模拟提问。

请模拟向5~6岁幼儿提两个问题，以引导幼儿仔细观察画面细节和发现角色之间的关系。

（3）请在10分钟内完成上述任务。

一、教材背景、学情

本案例是幼儿教师资格证面试的一个看图讲述题目，内容是看图讲故事，模拟给幼儿讲故事，并模拟提问。看图讲故事的基本要求是故事符合图意，语言生动有趣；给故事取名，名字有一定的概括性，符合图意；讲故事时普通话标准，口齿清楚，语速适宜，有感染力。模拟提问要求向幼儿提两个问题，以引导幼儿仔细观察画面细节和发现角色之间的关系。要求在10分钟内完成上述任务。

相对年龄较小的幼儿来说，5~6岁的幼儿具备更强的理解能力和观察能力，需要采用语言表达的内容变得更多。大班幼儿语言发展特点：一是具备一定的语言学习综合能力；二是个性化特征明显。语言发展是一个循序渐进及不断积累的学习过程，针对大班幼儿的年龄特点，要利用真实生活情境实施语言教学，使幼儿学会正确运用语言，结合表演活动及手工操作活动实施语言教学，以丰富幼儿的语言词汇。

本活动主要考核考生理解、概括图片的能力，讲故事的技能技巧，以及了解幼儿交流沟通、组织活动等方面的能力。

二、目标的制定

在有关教育观和儿童观的学习中，我们已逐渐明白了"过程"与"结果"、"认知""能力"与"情感"的关系及重要性，因此，根据儿童的发展，设计教学目标时将目标分为中心目标和辅助目标。中心目标即本次活动要达到的与学科相关的主要目标，辅助目标即本活动最利于儿童发展的非学科目标。

三、过程设计

幼儿讲述活动过程设计，见下表。

幼儿讲述活动过程设计

教学案例	设计意图
活动目标 1. 仔细观察画面，能用丰富的词汇有序、连贯、清楚地讲述。 2. 借助画面、操作图、头饰等，与同伴交流讲述，注意倾听别人讲话，发现角色之间的关系。 3. 愿意与好朋友分享快乐，喜欢参加角色表演活动	1. 是本活动的主要目标。 2. 是为了达到目标所要采取的方法策略。 3. 是学会学习，非智力因素培养的目标
活动准备： 1. 物质准备：PPT、小熊、小松鼠、小兔子、小青蛙头饰若干、操作图。 2. 学会儿歌《我们都是好朋友》	激发幼儿兴趣
活动过程 一、儿歌导入，交流讨论，激发已有经验。 1. 儿歌导入。 老师：我们刚才一起复习了儿歌《我们都是好朋友》，儿歌里的好朋友之间都做了哪些事呢？ 幼儿：小皮球、小木马，我们大家一块玩。好书本，大家看。好东西，大家玩。你有困难我帮忙。 2. 老师：我们和好朋友有很多事情可以做，那么，好朋友之间还能分享什么呢？	●引起注意 运用儿歌导入，激发幼儿兴趣。 ●激发幼儿对已有陈述性知识的回忆，再感受。 ●激发幼儿对程序性知识（策略性知识）的认知。 通过复习儿歌，让幼儿回忆歌词中提到的好朋友做的事情，并用儿歌中有韵律的语言进行表达，提出问题引导幼儿进行思考，朋友之间还能分享什么？激发幼儿在问题情境中进行探索学习
二、感知理解讲述对象，运用新旧经验进行讲述 1. 出示大屏PPT，鼓励幼儿认真观察。 师：你看到了谁？他们在干什么？ 总结：我们在图片中看到了小熊、小松鼠、小兔子、小青蛙，他们都在给好朋友打电话。 2. 结合问题分别观察四幅图的放大版，让幼儿深度思考。 师：他们看到了什么才给好朋友打电话？电话里他们怎么说的呢？如果这时候你给好朋友打电话，你会说什么呢？ 图一：小熊看到了什么才给小松鼠打电话？他们都说了什么？（请个别幼儿用手当电话模仿小熊和小松鼠打电话） 图二：小松鼠看到了什么才给小兔子打电话？他们都说了什么？（请个别幼儿用手当电话模仿小松鼠和小兔子打电话） 图三：小兔子看到了什么才给小青蛙打电话？他们都说了什么？（请个别幼儿用手当电话模仿小兔子和小青蛙打电话） 图四：小青蛙看到了什么才给小熊打电话？他们都说了什么？（请个别幼儿用手当电话模仿小青蛙和小熊打电话） 师：这是什么季节，你从哪里发现的？	●呈现本活动的新信息。 结合大屏PPT进行讨论有助于幼儿同伴间交流碰撞获得新经验和学习方法。 ●阐明新旧知识的关系，促进理解。 大图与小图的结合。四幅图同时出现便于幼儿进行整体观察，有助于把握故事的整体性，便于了解各角色之间的关系。每一幅图的放大版适合全体幼儿使用，有助于集中幼儿的注意，便于观察细节。 为故事取名字，一是使幼儿对图片内容有正确、完整的印象，讲究故事具有完整性；二是促进幼儿对故事重点的把握；三是发散幼儿的思维，尊重幼儿个人的理解。

教学案例	设计意图
3. 看图编故事。 师：刚才我们把每一幅图都发生了什么故事说得特别生动，现在让我们把四幅图连起来编成一个故事吧。 4. 给故事起名字。 师：小朋友们，开动我们的小脑筋想一想，听完这个故事，我们给它起个什么名字呢？ 5. 教师完整的讲述故事。 6. 运用新旧经验进行讲述。运用操作小图，幼儿结伴进行自由讲述	在自由讲述中同伴之间可以互相倾听、补充，甚至会有争执，教师可以巡回聆听、适当以参与者的身份介入，这样，幼儿事先都能得到教师的指导，讲述时就能更顺畅，情节也会更生动了。 运用操作图，幼儿必然会去看、去想、去说，让全体幼儿都愿意参与，在交流讨论中获得的新经验和已有的经验加以整合，进一步理解图片的内容，同时又获得新的经验。 重点引导，"看、说、做"结合是为了让幼儿关注细节。用头饰是为了让幼儿进入情境，有助于情境性角色语言的表达
三、创设情境，运用头饰迁移新的讲述经验 1. 教师创设游戏情境，4人一组，分发头饰，幼儿自主表演，教师巡回指导。 2. 邀请1组幼儿到前面进行表演	● 对复习和记忆提供指导 ● 提供新情景进行变式练习 创设情境并戴上头饰进行角色表演。角色表演本身就是游戏，能满足孩子的需要。能在自由探索中发挥他们的能动性、想象力和创造力。幼儿在体验中对角色理解得更充分，并能在合作中提高学习能力
四、活动延伸： 1. 活动区。（角色游戏） 2. 幼儿园的户外。（观察春天、户外游戏） 3. 大自然。（观察春天更多的变化） 4. 与家人分享故事	生活皆教育，大自然、社会都是活教材。因此，幼儿的学习不仅仅在教育活动中，生活的每个环节都渗透着教育。大自然和社会都是最好的教材，所以我们要运用好这些活教材

项目二 制作一个讲述活动的多媒体课件

内容：制作一节讲述活动的多媒体课件并上传至班级学习群，和大家进行交流学习。

要求：

（1）讲述活动内容自选，类型不限，可以是看图讲述、生活经验讲述，或动画片讲述等。

（2）画面流畅、完整，符合幼儿年龄特点，紧密结合教学内容。

附评价标准：

幼儿园PPT多媒体课件评分标准

一、内容（40分）

（1）主题突出、内容完整，作品内容能够清晰、准确地表达并再现素材的精要。（10分）

（2）结构合理、逻辑顺畅：幻灯片之间具有层次性和连贯性；逻辑顺畅，过渡恰当；整体风格统一流畅、协调。（15分）

（3）紧扣主题：模板、版式、作品的表现方式能够恰当地表现主题内容。（15分）

二、技术（25分）

（1）作品中使用了文本、图片、动画、音频、视频等表现工具；作品中可使用超链接或动作功能，但不是必选项，不使用不扣分。（15分）

（2）要求作品中使用的上述功能经过优化处理，可以迅速载入。（5分）

（3）整部作品的播放流畅，运行稳定、无故障。（5分）

幼儿讲述活动案例

三、艺术（20分）

（1）整体界面美观，布局合理，层次分明，模板及版式设计生动活泼，富有新意，总体视觉效果好，有较强的表现力和感染力。（10分）

（2）作品中色彩搭配合理协调，表现风格引人入胜；文字清晰，字体设计恰当。（10分）

四、创意（15分）

（1）整体布局风格（包括模板设计、版式安排、色彩搭配等）立意新颖，构思独特，设计巧妙，具有想象力和表现力。（5分）

（2）作品原创成分高，具有鲜明的个性。（10分）

项目三　进行一节幼儿讲述活动的说课

内容：设计一个幼儿讲述活动的说课稿并进行说课比赛。

要求：

（1）讲述内容自选、类型不限。

（2）说课内容完整，时间约15分钟。

（3）说课过程要求有教具或者多媒体课件等。

（4）以小组为单位，参加班级竞赛活动，并且进行集体评析。

附：说课评分标准（见下表）：

讲述活动的说课《我的书包》

单元四　幼儿讲述活动

说课评分标准

项目	权重/分	标准	优	良	一般	差	得分
说教材	10	正确分析和把握教学内容的地位、作用及内在价值。能充分理解教材内容，把握知识体系，能结合幼儿需要或主题要求对教材做出科学开发与利用	10	8	6	3	
说学情	10	学情把握准确，分析幼儿年龄特点、身心发展状况、已有经验和未知经验、学习基础、学习心理、学习能力等。语言准确，不说套话、空话	10	8	6	3	
说目标	10	教学目标明确、具体、合理，目标难度适当，目标切合幼儿的发展水平和发展需要，体现《指南》理念，凸显领域活动的特征，能有效促进幼儿的学习，可操作性强	4	3	2	1	
		有机整合情感、态度、知识技能等方面的发展要求	3	2	1	0	
		教学内容的重点、难点把握准确，确定重点、难点的依据表述得清楚	3	2	1	0	
说准备	5	讲清活动前和活动中需要的物质材料、心理和经验准备。活动准备与幼儿的能力、兴趣、需要等相适应	5	4	3	1	
说教法、学法	5	说清主要使用的教学方法。体现自主学习、主动探索和合作交流。教学方法灵活多样，富有启发性，能有效地实现目标	5	4	3	1	
说教学过程	50	体现专业教育思想，突出幼儿的主体地位。教学思路清晰，线索一脉相承，循序渐进	10	8	6	3	
		教学组织严密，过程完整，结构严谨，教学环节分配合理，衔接自然，时间分配恰当	10	8	6	3	
		详略得当，说清突出重点、突破难点的方法及手段	10	8	6	3	
		恰当运用多元化的教学方法和手段，采用适宜的指导策略，形成有效的师幼、幼幼互动	10	8	6	3	
		反馈措施得当，应变性强	5	4	3	1	
		教学有特色，富有创意	5	4	3	1	
教师素养	10	表达及展示自然大方、仪表端庄	5	4	3	1	
		普通话标准，语言规范、简洁、逻辑性强，生动、具有感召力	5	4	3	1	
合计	100						

注：

说课时间不超过15分钟。

拓展延伸

讲述活动中幼儿倾听能力的培养策略（节选）

颜晓燕

幼儿园讲述活动是促进幼儿清楚、连贯、完整的语言表达能力发展的有效途径。讲述活动虽然侧重于培养幼儿在语境中独白语言的表达能力，但却离不开倾听。讲述与倾听是密切相连、相互交织在一起的。倾听是讲述的前提，伴随着讲述过程的始终；讲述需要倾听的参与和支持，讲述水平受倾听质量的影响。只有在幼儿讲述活动中，重视幼儿倾听能力培养，才能有效地提高幼儿的语言表达能力。本文着重探讨在讲述活动中幼儿倾听能力的培养策略。

一、意识策略

意识策略是指在幼儿园的讲述活动中，教师有意识地把倾听纳入讲述活动之中，并通过有目的有计划地引导，培养幼儿的倾听能力。

1. 有意关注，激发兴趣

在幼儿园的各种讲述活动中，要关注幼儿的倾听表现，注意激发幼儿倾听的兴趣。比如，大班开展了"美丽的大海"户外情境讲述活动，在活动中幼儿面对大海，亲身感受大海的恢宏气势，欢呼雀跃，情绪激动，难于安静倾听他人的讲述。此时，教师意识到幼儿此时的倾听情形，就顺势而发地对幼儿说："大海这么美丽，你们听，海水拍打岸边的声音是怎样的？你能用好听的词来讲讲这声音吗？""听，海水拍打着岸边，发出'轰，轰，轰'的声音，就像在唱一首雄壮的歌。是这样的吗？请小朋友边看景色边仔细听听。"这既顺应幼儿的兴趣，又激发了他们倾听和讲述的兴趣。幼儿一旦对倾听的内容引起了兴趣，注意力就会集中，思维也处于积极活跃的状态，倾听的专注度就增强。所以教师在讲述活动中，要注意观察幼儿，善于捕捉幼儿的兴趣点，以幼儿兴趣作为倾听培养的切入口，才能使幼儿想听、爱听，专注投入，听说结合，活动趣味盎然。

倾听策略

2. 有意提醒，情境训练

在讲述活动中，教师指导的重点在于幼儿连贯、清楚的语言表达。此时，教师应有意提醒幼儿注意倾听周围的声音或他人的讲述，结合具体的讲述情境有意识地训练幼儿的倾听技能。如大班动画片讲述活动——"雪孩子"，在每次观看动画片或他人对内容的讲述时，教师都有意识地提醒幼儿注意听："画面里的人讲了什么话？""小朋友讲的内容跟你想的一样吗？你觉得怎么讲才更好听？"有时，还可以结合动画片的内容进行听音后模仿声音，闭眼倾听声音后辨别声源的方向,先倾听声音后做动作,或利用多媒体手段倾听讲述内容,完整倾听动画片的内容等方式,将幼儿带入特定情境中进行有意识的练习。

3. 有意评价,强化提高

对幼儿在讲述活动中所表现出来的良好倾听均应有意识地给予肯定评价,以强化幼儿的倾听行为,提高幼儿的倾听能力。如幼儿在他人看图讲述时很专注地倾听,积极呼应,教师就及时给予表扬鼓励,强化他的这种倾听行为,并引起其他幼儿的学习模仿。有时,还可有意识地表扬那些讲述得好的幼儿,表扬他讲得好是因为他听得很认真,让其他幼儿以他为榜样,向他学习。这样就能影响幼儿,强化他们注意倾听的意识,从而增进幼儿有意识地倾听。

二、渗透策略

渗透策略指在讲述活动中,教师将幼儿倾听能力的培养渗透到讲述活动的各个环节和各个方面,贯穿讲述活动的始终,并调动幼儿各感官积极参与,共同促进幼儿倾听能力的发展。

倾听绝非孤立单一的,倾听与讲述及其他活动是紧密相连的,讲述活动的每一个环节都渗透着倾听的因素。因而要抓住每个环节渗透的时机,巧妙地结合倾听的要求,提高幼儿倾听的目的性。

一是在观察感知中倾听。讲述是凭借某一个对象而进行的清楚、连贯和完整的语言表达。某一对象的凭借物可以是图片、实物、情境或动画片等,不论何种讲述对象,在讲述之前都应让幼儿全面地观察感知,在这个过程中应该随时渗透倾听的要求。如对于可观的凭借物,可提醒幼儿先注意听老师的要求,然后仔细观察,以倾听讲述任务为主。对于可听的凭借物,幼儿是通过听来把握讲述对象的特征,就直接请幼儿专心倾听,边听边想:"它会发出什么声音?"边听边模仿:"这声音是怎么响的?大家学学。"边听边讲述:"可用什么好听的句子来讲述这种声音?"边听边表演:"听到这种声音,你想用什么动作来表示?"边听边编故事:"这声音好像在告诉我们一件什么事情,能不能把这些声音编成一个好听的故事?"尽量运用多种感官来帮助倾听,让幼儿将倾听与观看、表演、动作、姿态、品尝、触摸、绘画和描述等活动相互结合,渗透在一起。

二是在理解体验中倾听。幼儿清楚、连贯、完整的讲述是基于对讲述对象的亲身体验和深切理解。为了使幼儿按一定的思路清楚地讲述,需要让幼儿理解体验讲述对象,这一环节就可以随机地渗透倾听能力的培养。如中班动画片讲述——"一条香路",在让幼儿讲述前需要通过分段观看、定格观看、回放观看和完整观看等形式引导幼儿理解"大头儿子和小头爸爸铺设了一条花香四溢的路,帮助盲童独立上学"的内容,体验"帮助他人的快乐"。引导幼儿在有配音的片段中边听边看:"他们说什么话?你能把动画片的内容讲给大家听吗?"以此训练幼儿理解性的倾听能力。在消音的片段中,幼儿要专注观看和理解,此时的倾听侧重于在理解体验中积累经验,使倾听建立在对内容的理解体验之上,以帮助幼儿倾听时能更好地理解和辨析

他人对内容的讲述，发展幼儿理解性倾听和辨析性倾听的能力。

三是在讲述表达中倾听。幼儿在观察感知和理解体验之后的讲述表达有两种情形，即运用旧经验进行的讲述，运用新经验进行的讲述，这都需要幼儿注意倾听。如中班户外情境讲述——"老榕树"，幼儿要注意听清要求："从远处看，榕树是什么样子？像什么？从近处看，榕树有几部分？是什么样子的？"按照这一要求构思讲述，倾听他人是怎样讲述表达的，理解他人表达的意思，在自己已有经验基础上辨析他人的讲述：先讲什么？后讲什么？讲了哪些内容？自己讲的和别人讲的有什么不一样？从中获得倾听和讲述的新经验。在讲述表达中倾听应引导幼儿听讲结合，指导幼儿在倾听中捕捉讲述信息，把握讲述要点，学习讲述经验，提高倾听能力。

三、协同策略

协同策略指教师应协同各方面影响幼儿倾听能力发展的因素，使多因素的影响作用能协调一致，共同促进幼儿倾听能力的发展。幼儿对言语的倾听是一种语言感知理解行为，它既是个体言语发生、发展的重要条件，又是个体心理发生发展的一项具体内容。因而，影响幼儿言语倾听能力发展的因素是错综复杂的。

首先，从幼儿自身的发展看，幼儿倾听能力与幼儿的行为习惯、行为品质密切相关。幼儿的倾听习惯直接影响着倾听的效果，直接制约着倾听能力的发展。幼儿倾听能力与行为认知、理解判断、意志控制、注意专注程度等心理因素紧密相关。幼儿倾听时对他人讲述中的语音音高、响度、音色的感知和对词、句子的理解过程需要其认知、情感、意志心理过程的支持，并伴随注意这一心理状态。幼儿一旦具有良好的心理品质和行为习惯，如具有对周围兴趣好奇，思维敏捷，初步能控制自己的行为，做事主动、专心，心情愉快等情况时倾听能力强，相反倾听能力差。可以说，良好的心理品质是幼儿倾听能力发展的基础，它直接制约着幼儿倾听能力的发展。

其次，从成人及社会因素看，评价观念直接影响着幼儿倾听能力的发展方向和水平。成人怎样看待幼儿倾听能力发展的重要性，怎样衡量不同年龄倾听能力的发展水平和要求等问题，如果未能解决，没有明确的看法和态度，就会忽视幼儿倾听的培养，也会制约幼儿倾听能力的发展。教师的语言素质是激发幼儿倾听、提高幼儿倾听理解能力的重要因素。假如教师的语言表达词不达意、啰唆、语调平淡、语速过快、音量过小等，就会减弱幼儿倾听的兴趣，降低倾听的专注性和持久性。可见教师的语言表现力对幼儿倾听能力的发展产生着潜移默化的巨大影响。教师要努力提高语言素质，以强烈的感染力吸引幼儿倾听，以提高幼儿的倾听能力。家园配合是影响幼儿倾听能力发展的一个不可忽略的因素。教师与家长之间的教育伙伴关系对幼儿的发展至关重要，两者之间的密切配合和通力合作能使教育获得事半功倍的成效，这一点在幼儿倾听能力的培养中具有同样的效能。幼儿倾听能力的发展与家长是否重视，是否创设良好的家庭语言环境有着直接的联系。因此，我们应将有意识的倾听能力培养延伸到家庭。

单元五　幼儿早期阅读活动

学习目标

1. 能够概述学前儿童早期阅读活动的含义和形式。
2. 能解释学前儿童早期阅读的教育目标。
3. 能说明并运用不同形式的学前儿童早期阅读活动的教育策略。
4. 能够独立设计一个学前儿童早期阅读活动的方案，并且能完成模拟教学活动。
5. 能够完成小组合作的阅读教学任务和教学评价，培养教学反思意识，促进教科研能力的发展。
6. 具有早期学前儿童阅读的教育理念，能积极主动开展幼儿早期阅读活动，勇于尝试并改变落后的幼儿阅读环境。

任务导入

总任务：试着组织一次幼儿阅读活动

- 子任务1. 根据幼儿特点选择文学作品
- 子任务2. 设计阅读活动的教案
- 子任务3. 教学活动的准备，如教具、PPT
- 子任务4. 模仿幼儿园教学情境授课

基本知识

一、幼儿早期阅读活动概述

阅读是学习的基础，阅读能力是一个人学业成就的主要表现，也是一个人未来从事各项工作的基本条件。研究发现，3～8岁是儿童获得基本阅读能力的关键期，因此，重视幼儿的早期阅读，培养幼儿良好的阅读习惯对幼儿一生的发展至关重要。

1. 早期阅读的含义和作用

什么是幼儿的早期阅读呢？幼儿的早期阅读指幼儿通过对文字、符号、标记、图片、影像材料的认读、理解和运用来感知世界，获取信息，发展自我的过程。幼儿的早期阅读与成人不同，早期阅读教育不仅是视觉的活动，也是听觉的、口语的活动，甚至还是触觉的活动。幼儿以阅读图画为主，成人以阅读文字为主。因此，图画书成为幼儿早期阅读最常见的阅读对象。但是随着信息载体的多元化，幼儿的早期阅读对象已经打破了纸质图画书的局限，涵盖了呈现图画的各种多媒体载体。

幼儿的早期阅读教育不容忽视。在信息社会中，阅读能力已经成为个体学习的基础能力，一个不能阅读的人，或者阅读有困难的人，很难在学业和事业中取得成功。研究表明，喜欢阅读是早慧儿童的共同特点。美国心理学家研究发现，44%的男孩和46%的女孩之所以能成为天才儿童，是因为他们在5岁之前就形成了良好的阅读习惯。总之，它不仅能丰富幼儿知识，开阔幼儿眼界，陶冶幼儿情操，而且能促进幼儿思维能力、想象能力、口语表达能力的相应提高，并能促进幼儿社会化认知和情感的发展。

幼儿早期阅读

2. 早期阅读的形式

早期阅读教育活动的形式多样，常见的阅读活动形式有以下几种：

（1）幼儿园阅读教育活动。

幼儿园的阅读教育活动主要指幼儿园内，教师根据学生年龄、兴趣特点，有目的、有计划地组织幼儿阅读。比如：教师组织的专门阅读活动、班级图书角的阅读活动、绘本馆阅览活动、图书漂流活动、一日生活中渗透阅读元素的活动、利用社会和自然环境的阅读活动、以阅读为主的综合活动，例如：自编图画书、诗配画活动，在学习完一篇故事或者儿童诗以后，教师指导幼儿结合自己的感受、理解，将作品通过绘画等形式表达出来，增强阅读兴趣，加深对作品的理解。

幼儿午饭前的阅读活动

单元五 幼儿早期阅读活动

（2）家庭亲子阅读活动。

家庭亲子阅读活动指父母和幼儿园围绕读物进行讨论、交流的阅读活动。例如：亲子每晚的睡前故事，家庭外出的郊游、参观性阅读活动，如带领幼儿参观博物馆、科技馆场所，讲解图标、景点介绍词等。这些活动激发幼儿对文字等符号的兴趣。家庭亲子阅读活动是培养幼儿阅读能力的重要途径，不仅可以激发幼儿的阅读兴趣，而且可以促进亲子之间的交流。

3. 早期阅读的教育目标

根据《3～6岁儿童学习与发展指南》要求，幼儿早期阅读的教育目标主要分为以下三个方面。

（1）喜欢听故事、看图书。

幼儿早期阅读的首要目标是培养幼儿的阅读兴趣，养成良好的阅读习惯。所以，不管是家里还是幼儿园都要为激发幼儿阅读兴趣提供良好的环境和条件，为幼儿提供童谣、故事、诗歌等不同体裁的儿童文学作品，让幼儿自主选择阅读，保证幼儿阅读的时间，引导幼儿体会通过阅读获取信息的乐趣。同时，还可以引导幼儿体会标识、文字符号的用途，如：买来玩具时，把说明书上的文字念给幼儿听，了解玩具的玩法。

家庭亲子的阅读活动

（2）具有初步的阅读理解能力。

阅读的本质是理解，教师和家长要经常和幼儿一起阅读，引导他以自己的经验为基础理解图书的内容，能够体会作品表达的情绪情感，能够感受文学语言的美，例如：给幼儿读儿歌或幼儿诗时，通过鲜明的节奏性传达诗歌的韵律美。此外，鼓励幼儿对理解的文学作品内容和情感进行分享和表达，鼓励幼儿想象和创新。例如：在讲绘本故事时，引导幼儿观察封面，然后让幼儿大胆想象，说说可能会发生什么样的情节。讲完故事后，还可以让幼儿通过讲述、表演、绘画、创编等多种方式表达自己对图书的理解。

（3）具有书面表达的愿望和初步技能。

幼儿早期阅读为幼儿提供了了解和积累汉语言文字构成和书写知识的学习机会，幼儿在早期阅读中也逐渐产生了读写的兴趣和能力。因此，可以让幼儿在写写画画的过程中体验文字符号的功能，培养书写兴趣，鼓励幼儿用涂涂画画表达自己的意思，提醒幼儿学会用正确的姿势书写，包括坐姿、握笔的姿势等。此外，为了帮助幼儿进入小学做好书写准备，还要引导幼儿了解积累有关汉字的知识，例如：了解书写的基本规则，从上到

正确的坐姿

111

下，从左到右，先外后里，先中间后两边等。

总之，幼儿早期阅读的关键意义在于激发幼儿对书面语言的兴趣，获得观察、体验有关书面语言的读写经验，为他们以后进入小学迅速、有效地掌握书面语言做好准备。

4. 早期阅读环境的创设

早期阅读是一个多元的、复杂的历程，儿童需要在阅读过程中寻找到适合的途径，积累阅读经验，从而建立起阅读的意识和技能。这种阅读的意识与技能不是被教会的，而是在一定的环境中，在教师的正确引导与陪伴下"自发而自然"形成的。因此，为幼儿提供丰富多彩的阅读环境，宽松舒适的阅读氛围，大量适宜的阅读材料等对幼儿早期阅读至关重要。

（1）全方位、多元的阅读育人环境。

早期阅读活动重在为幼儿提供阅读经验，因此，向幼儿提供一个含有大量阅读信息的教育环境必不可少。幼儿园和教师可以利用一切场所、机会，例如幼儿园橱窗、墙壁、楼梯、厕所、区域活动角等地方，张贴让幼儿感受的文字、符号、标记、图片等语言符号，激发他们的阅读兴趣，潜移默化地提高其阅读理解能力。例如，在幼儿园的宣传栏里张贴《本周幼儿园食谱》，关心饮食的家长就会每天送园时带领幼儿阅读食谱，幼儿也就自然加深了对文字传递信息这一功能的理解，在预知食谱这一兴趣的激发下，自然提高阅读文字和学习文字的兴趣。

幼儿园的墙壁	 幼儿园的楼梯
 幼儿园的走廊	幼儿园主题墙

阅读信息的教育环境

单元五　幼儿早期阅读活动

（2）宽松、自由的阅读氛围。

良好的阅读环境，离不开阅读氛围的创设，宽松、自由的阅读氛围，有助于幼儿全身心地投入阅读活动中，在其中获得无穷的乐趣。第一，要营造一个宁静舒适的空间，幼儿园里常见的阅读场所有班级内的图书角、语言区，园内的图书馆等。为了营造舒适的氛围，在环境布置时，注意采光充足、色彩温馨、富有童趣、宽敞舒适的环境，幼儿可以在地上或桌旁坐下，可集体阅读，又可以单独阅读，如花园式图书角、海底世界图书区……让幼儿在此自由自在惬意地享受阅读的快乐。第二，要保证宽松、自由的时间。每天保证幼儿有一定的阅读时间，阅读时间既可以固定也可以不固定，可以充分利用幼儿园活动中的各个过渡环节。如在早饭后、盥洗和饮水时、午饭前、晚间离园前等，教师都可以安排幼儿的读书活动，帮助幼儿养成读书的习惯。

河北农大幼儿园图书角

（3）适宜的阅读材料。

选择幼儿阅读材料一般要遵循以下原则：第一，主题正确、有教育性，有助于培养幼儿积极向上的道德情操，养成良好的行为习惯。第二，浅显易懂，注重图书内容与幼儿生活经验的结合，一般是情节文字简单、图文并茂，并且让幼儿有发挥创造力和想象力的机会。第三，选择多元的阅读材料。在题材上，从生活到社会，从人文到自然，各种不同的题材都可以让幼儿接触。在文体上，儿歌、故事、传记和知识百科图书都可以成为幼儿的读物。在形式上，从纸质图书到能操作的立体书、玩具书、布书等，都可以给幼儿阅读。多样化的内容、题材可以为幼儿提供多元的知识，体验多元的情感，感受不同的语言风貌，进而培养幼儿自主阅读的能力。

课堂小练

情景讨论： 什么是幼儿的早期阅读活动呢？有的同学认为："就是让幼儿自己在图书角看书呗！"另一部分同学则有不同意见："我认为应该是老师带领孩子们共同读一本书，跟幼儿文学课一样，给他们讲一讲。"你认为谁说的对呢？你认为幼儿早期阅读是什么呢？请说一说。

分析与提示：

1. 幼儿早期阅读不能仅仅理解为读书活动，受幼儿身心发育特点和自身经验的影响，幼儿的早期阅读具有符号性特点，除了对文字的认读理解以外，还包括对图片、符号、标记、音像等材料的认读、理解和运用。例如对商标、交通标识、广告牌等图标的理解。

2. 幼儿早期阅读重在培养幼儿良好的阅读习惯，引导幼儿理解作品，鼓励幼儿表达内心体验。所以，将幼儿早期阅读理解为教师带领幼儿共同读书，忽视了幼儿的主体性。在阅读活动中，教师要有计划、有目的地组织阅读活动，通过阅读活动帮助幼儿感知世界，获得社会信息，再鼓励幼儿将看到的、理解的信息通过语言、文字、绘画等符号表达出来，促进幼儿的语言、思维和创造力等多方面和谐发展。

二、幼儿阅读活动的设计与组织指导

1. 幼儿园阅读活动的优化设计

早期阅读活动是有目的、有计划地发展儿童的阅读能力，培养幼儿良好的阅读态度和阅读习惯。幼儿园的阅读活动过程大致可以分为以下五个环节。

（1）幼儿自己阅读。

早期阅读活动的开展，重点是要以幼儿阅读为主，所以教师先要给幼儿一个自己阅读的机会，让幼儿了解图书内容，熟悉情节，为接下来的活动开展做好铺垫。

让幼儿自己阅读，并不意味着教师的不管不问，而是要巧妙地引导。

第一，在导入过程中激发幼儿的阅读兴趣，同时，布置阅读任务，引导幼儿边阅读边思考，从而促使幼儿深入地理解图书内容。例如，阅读之前对图书封面的介绍，"小朋友们看，老师这本书的封面上有一个小动物，你们认识它吗？它就是小鼹鼠！可是这只鼹鼠和其他的小鼹鼠有点不一样，大家仔细观察，说一说哪里不一样呢？有的小朋友说它的头上有一些东西！有的小朋友说它很生气！小朋友们观察得非常仔细，小鼹鼠头上确实有一些东西，那是什么呢？是嗯嗯！嗯嗯就是大便，有的小朋友说好恶心啊！小鼹鼠觉得也好恶心，所以它很生气，它生

绘本《是谁嗯嗯在我的头上》封面

气地说'是谁嗯嗯在我头上！'今天，我们要讲的故事就是《是谁嗯嗯在我的头上》（边说边指封面上的题目），小朋友们，你们想不想做个小侦探，帮小鼹鼠找到嗯嗯的主人？下面我们一起来寻找答案吧！"引导幼儿自主阅读。

第二，在阅读过程中，提出阅读要求，让幼儿安静、深入地阅读，在不影响别人阅读的情况下，可以允许学生小声讨论。

第三，教师对幼儿的阅读进行观察、指导。教师观察幼儿的阅读方法是否正确，阅读习惯是否良好，幼儿在阅读中遇到了哪些困难，图书中哪些内容是幼儿难以理解的。把这些内容进行记录，以备在正式活动中作为重点和难点解决。此外，对幼儿的阅读表现进行针对性的指导，例如，观察到阅读慢的同学，要了解其在阅读中遇到了哪些困难，对阅读快的同学，鼓励他们要阅读图书的细节，深入了解故事情节。

（2）师生共同阅读。

在幼儿自己阅读之后，教师要带领幼儿共同阅读，解决幼儿在自己阅读中遇到的困难，引导幼儿了解图书的大致内容。这一环节，教师按照自己的理解和设想，将要求幼儿掌握的书面语言信息贯穿到阅读的过程中。教师的作用在于帮助幼儿明确此次阅读的内容，并掌握书面语言的信息。在这一环节，教师可以和幼儿共同阅读，并且将指导放在"共同阅读"之中，不是告诉幼儿应该学习什么，而是和幼儿一起学习要学的内容。这样，幼儿更容易接受阅读信息。例如：在"我就是喜欢我"的师生共读活动过程中，教师可以通过提问引导：

①是谁让弗洛格认识到自己不具备的能力呢？它不会的事情是什么？

②是谁的话让弗洛格变得高兴起来了？为什么？

引导幼儿逐页翻阅、讲述，请幼儿根据画面内容说一说发生了什么事情，从哪儿看出来的。在这部分提问的问题数量不宜太多，一个问题要涵盖多个页面的内容，幼儿在教师问题的引导下，能基本了解图书的大致内容。

（3）围绕阅读重点开展活动。

每一次阅读活动都有各自的重点和难点，尤其对小班、中班前期的幼儿更应该注意，针对年龄特点、教学计划设计阅读的重难点。共同阅读以后，教师组织幼儿根据重点和难点开展活动，帮助幼儿深入掌握学习内容和正确的学习方式，加深对所学内容的印象。这一环节可以采用多种活动形式，比如讨论、表演、游戏等。

例如：在阅读《我就是喜欢我》的故事中，如果在中班教学中以激发幼儿阅读兴趣、感

幼儿情景剧表演

受故事形象作为重点，就可以让幼儿进行角色表演活动，选择故事中有趣的情节，体验角色心理。如果在大班教学中以提高语言表达能力、体验续编的快乐作为重点，就可以让幼儿进行讨论创编活动，可以让幼儿想象青蛙弗洛格喜欢自己，是因为自己会游泳。如果一场洪水来了，洪水冲毁了小猪和野兔的房子，青蛙可能会怎么做呢？小组讨论，续编故事，把你编的故事通过绘画记录下来，讲给大家听一听。

（4）归纳阅读内容。

归纳阅读内容是总结性的环节，它的主要作用在于帮助幼儿巩固、理解所学的内容。归纳和总结方式有很多种，如游戏、竞赛、展示等，教师可以创造性地组织这一环节，这样能激发幼儿主动参与的积极性，帮助幼儿掌握阅读内容，这样，有利于形成正确的书面语言观点，各种活动形式都可以尝试。例如：在《我就是喜欢我》中，可以让大班幼儿总结这个故事的主要内容，"这是一个关于谁的故事？它在故事中做了什么？结局怎么样？""青蛙喜欢自己，因为自己会游泳，是绿色的，虽然它不会像小鸟一样飞，也不会像小猪一样会做蛋糕，也不会像野兔一样会读书，但是每个人都有自己的优点，我们要学会喜欢自己。"如果涉及识字，可以让幼儿们玩识字的小组竞赛游戏，教师读字，幼儿找"字宝宝"，给回答对的小组集体鼓掌，表示祝贺。

（5）拓展延伸阅读活动。

拓展延伸阅读活动是为了将阅读的内容迁移到生活中，继续保持阅读兴趣。延伸可以在活动区角进行，也可以在日常生活或者其他教育活动中开展，还可以在家庭亲子活动中实施。例如，《我就是喜欢我》的拓展活动一，可以设计为"认识自己"的讨论活动：小朋友们，通过这个故事，我们知道了每个人都有自己的优点和缺点，请你说说自己的优点是什么、缺点是什么。我们要不断完善自己，改正缺点，相信自己。拓展活动二，可以设计为制作图画书活动：请小朋友把续编的故事讲给爸爸妈妈听，并且和他们一起记录你的想法，制作一本小图书，拿到幼儿园和大家一起分享。

幼儿自编图画书

2. 幼儿园对家庭亲子阅读活动的指导

幼儿早期阅读的培养离不开家园共育，家长对幼儿自主阅读能力的发展具有重要作用，良好的亲子阅读不仅可以开拓幼儿的视野，增长知识，养成良好的阅读习惯，而且可以促进亲子关系，形成良好的家庭学习氛围，为幼儿的终身学习奠定基础。幼儿园对家庭的亲子阅读具有指导作用。如何做好家庭的亲子阅读活动指导呢？教师要注意把握以下几个原则。

（1）激发兴趣，以让幼儿体验阅读快乐为出发点。

家庭缺乏对幼儿阅读目标的正确认识，首先，家庭在对幼儿进行阅读指导的过程中存在不同程度地过分强调识字、复述和朗读的情况，忽略了幼儿自身对阅读的兴趣以及自主探索精神的培养。其次，部分家庭把逐字逐句训练幼儿阅读作品作为主要阅读任务，不重视幼儿在阅读中的情绪和情感体验。所以，幼儿园有必要引导家长认识到幼儿阅读不同于成人阅读，幼儿阅读的首要目标是让幼儿感受文字，喜欢文章，进而爱上阅读。兴趣是最好的老师，家长要借助一切机会让幼儿对文字和书籍产生兴趣。可以给孩子讲解象形文字的来历，让幼儿明白象形文字是从原始的图画发展起来的，激发幼儿探索文字的兴趣，帮助他们建立乐于学习文字的态度。

（2）尊重差异，平等与幼儿交流与讨论。

不同的幼儿因为个体成长的差异性，在知识接受和理解方面也有一定的差异，幼儿园教师受过专业的教育学和心理学的培训，对幼儿的差异性能冷静客观地对待。但是对家长来说，对幼儿阅读过程中出现的差异性，往往不能理性对待，有的家长会因自己的孩子能够生动完整讲述故事而沾沾自喜，把这些作为炫耀的资本；有的家长则为自己孩子说话表达不清楚而苦恼不已，而且会不由自主地在孩子面前表达不满。上述两种情况的家长，都会影响孩子的身心发育，需要幼儿园老师进行积极地疏导。幼儿的阅读与口语表达水平，受幼儿的年龄、性别、性格、城乡居住环境、教养环境等多种因素影响，需要家长积极对待。家长要为幼儿创造一种自由、宽松的心理阅读环境，阅读过程中要鼓励幼儿大胆开口，说出自己的想法。

（3）培养习惯，提供阅读环境，保证阅读时间。

古代有孟母三迁的故事，家庭环境对幼儿的成长非常重要。如果想让幼儿爱上阅读，第一，要给孩子创设一个爱阅读的环境。家庭的阅读环境，主要包括独立安静的空间，适宜幼儿阅读的读物，这样，保证幼儿有地方、有喜欢的书籍可以看。此外，书籍要定时地更新，有利于保持幼儿对书籍的新奇感。第二，保证幼儿的阅读时间，不能随意打断幼儿，也不要因为一些其他安排而剥夺孩子的阅读机会。如果有出外旅行的计划，也要带上几本孩子爱看的书籍，供他们在旅行时享受阅读时光。第三，培养习惯，幼儿园要引导家庭对幼儿的阅读习惯作出常规的要求，如图书的取放、图书翻阅、阅读姿态等，对阅读过程中出现书本倒立、趴在桌子上读书、图书乱扔等不良习惯要及时纠正。

（4）注重方法的引导，适时召开亲子阅读活动。

很多家长希望能帮助幼儿养成阅读习惯，但是因为缺少方法，往往心有余而力不足，在这种情况下，就需要发挥幼儿园的指导作用。通过家长座谈会、专题讲座、微信群等多种形式，向家长宣传早期阅读的教育目标、途径、内容和方法；对亲子阅读中出现的普遍问题，可以利用家长接送孩子的时间进行小组辅导；在亲子阅读活动中，组织家长进行早期阅读经验的交流，丰富家长教育孩子的方法。

幼儿园组织的亲子阅读活动

（5）家园共育，整合家园阅读材料，创设良好的阅读环境。

幼儿园与家庭的阅读材料各有优劣，形成了较好的互补。幼儿园阅读材料的科学性和系统性弥补了家庭阅读材料的随意和盲目，而家庭阅读材料的丰富多样也恰好弥补了幼儿园阅读材料的陈旧和单一。家园共育可以建立幼儿园与家庭的阅读材料轮换机制，如幼儿园可以为幼儿办理图书借阅证，方便幼儿借阅幼儿园的图书。幼儿借走的每一本图书都配有家庭阅读跟踪卡，上面既有需要家庭协助完成的阅读目标，也有幼儿阅读能力的考核要点，教师要指导家长完成家庭阅读跟踪卡的填写，以掌握第一手幼儿家庭阅读的资料。此外，幼儿可以将家庭里的阅读材料经过幼儿园筛选后登记，并放在班级或幼儿园公共阅读区域，家庭之间按照一定周期依次轮换，这样就大大扩充了幼儿园图书的数量。

早期阅读活动设计与实施的基本结构

课堂小练

1. 说一说幼儿文学作品活动和阅读活动有什么区别？
2. 请为绘本故事《我就是喜欢我》设计一个导入活动。

三、课堂实战练习的组织与指导

【课堂实战练习】

分组课堂模拟训练，设计一节早期阅读的幼儿园语言教学活动，进行课堂训练活动。

活动要求：各组先讨论修改教学活动设计方案，然后进行角色扮演，分组进行练习，教师轮流指导。最后每组选出优秀讲课教师进行全班展示，代表本小组比赛。

【教学策略】

作为一名幼儿教师，都会面临组织幼儿阅读活动实践课的任务，下面主要从阅读活动设计的出发点、活动过程中阅读策略的导读和根据年龄特点差异化教学三个方面进行介绍。

单元五　幼儿早期阅读活动

1. 阅读活动设计的出发点

幼儿活动的设计要以提高幼儿兴趣为出发点。学前儿童心理学的研究表明，在整个学龄前期儿童心理因素的各个方面有意水平均较低。也就是说，在多数情况下，幼儿主动参与某项活动不是其有意识要求自己这样去做，而是受兴趣、偏好等内在动机驱使进行的。因此，幼儿早期阅读活动设计首先要以幼儿对阅读活动感兴趣为前提。一项对幼儿没有吸引力的活动，幼儿不会因为某种外在目的有意识地自我投入，继而，教师预设的教学目标也就不能达成。所以，在阅读教学活动设计上，首先要考虑什么样的活动形式更容易调动幼儿参与的积极性，什么类型的图书更可能吸引幼儿的注意力。

2. 幼儿活动中阅读策略的导读

早期阅读教育的关键是培养幼儿的自主阅读能力，引导幼儿逐渐学会一种阅读技能，让幼儿通过运用技能提高自主阅读能力，最终成为一名能够独立思考、解决问题的流畅阅读者。因此，教师在幼儿阅读活动中要潜移默化地对幼儿进行阅读教育策略的培养与渗透。幼儿活动中的阅读策略主要有预测策略、自主提问策略、提取关键信息策略和假设策略。

（1）预测策略。

预测策略培养的目的是引导幼儿对图书内容和故事发展方向进行猜想，从而提升幼儿对故事的兴趣，提高幼儿在阅读过程中的注意力，以增进其对文本和图画内容的理解。预测策略的培养目标是，使幼儿逐渐能从不理解预测，发展到能够结合已给信息寻找预测线索，再到根据线索进行故事内容推测。例如：在阅读之前，让幼儿对封面进行观察，并猜想会发生什么故事。

（2）自主提问策略。

自主提问策略培养目的是引导幼儿能在不断发现问题、解决问题的过程中，增进对故事内容的理解，同时培养自主反思和质疑的意识。自主提问策略的培养目标是鼓励幼儿在阅读中思考；鼓励幼儿提问从低水平问题发展为高水平问题。低水平的问题多是细节描述型问题和故事内容回忆型问题。细节描述型问题如"平底锅是什么"；回忆型问题如书中讲到小熊因为吃了太多蜂蜜，又不刷牙所以牙疼，幼儿问"为什么小熊会牙疼"。高水平问题多是推论型、评价型和质疑型的问题，例如幼儿能够联系事件前后关系提出推论性质的问题如"彩虹鱼为什么不和条纹鱼玩"等。

在提问策略培养初期，教师应在讨论环节提供必要时间鼓励幼儿自主提问，促使其养成阅读后回顾、反思、提问的习惯。当幼儿具有一定提问意识后，可通过教师示范，引导其多提出一些与主要内容相关的回忆型问题，进而启发幼儿对文本或图画信息进行质疑和反思。

（3）提取关键信息策略。

提取关键信息策略培养目的是促使幼儿把握故事的主要信息，增进对核心内容的理解。提取关键信息策略的培养目标是引导幼儿能在阅读后自觉地对故事内容进行回顾、浏览，并能在

教师的适当引导下，分离提取出核心词、主要情节或与主要角色有关的重要信息等。例如，教师提问幼儿"这是一个关于什么或谁的故事？""他在故事中都做了哪些事？"，如果幼儿不能立刻提取关键信息，教师可鼓励幼儿对图书内容进行回顾。

（4）假设策略。

假设策略培养目的是鼓励幼儿从多种角度思考问题，进而促进其阅读理解能力的发展。假设策略的培养目标是通过创设假设情境供幼儿思考和讨论，使幼儿逐渐理解假设的含义，并能根据假设情境进行丰富而符合逻辑的想象，进而能自主创设假设情境，对故事内容变换角度思考、创编。可以在每次阅读活动的讨论环节提出一个假设问题供幼儿讨论，"如果换作是你，你会怎么想，你会怎么做"。

总之，教师在幼儿阅读活动中，要针对幼儿的年龄特点和知识经验，灵活运用阅读策略进行教学。

3. 根据年龄特点差异化教学

（1）3～4岁幼儿阅读。

3～4岁幼儿的口语表达还不连贯，但能表达一些较简短、浅显的语句。对浅显的儿歌、故事他们还缺乏自己组织语言的能力，不能表达出阅读时的理解，这个阶段最喜欢模仿，也最擅长模仿。所以选择情节简单、句式重复的读物，让幼儿不断地重复模仿这些句式，有利于幼儿使用和掌握这些句式，进行简单的想象，幼儿对这样的活动也有参与兴趣。

例如图画本《我先我先》，有大量相同的句式和词语，适于小班幼儿模仿。文中写到：这是一只处处要争先的小鸭子。出门散步，它要第一个冲出去，大喊"我先！我先！"；钓鱼，它要第一个拿到鱼竿，大喊"我先！我先！"；游泳，它要第一个跳进水中大喊"我先！我先！"……；该吃饭了，它当然也是第一个冲向桌子。小鸭子会怎么说呢？幼儿就会模仿说："我先！我先！"

（2）4～5岁幼儿阅读。

4～5岁幼儿的词汇突飞猛进，对自己想说的事能基本表达，但还不是很清楚。阅读之后，对读到的内容能大概了解，但阅读和听读中会有很多地方不能准确理解；可以讲述读本的内容，但讲述往往会遗漏。但又可以根据自己的想象补充一些细节或用自己想到的词语进行表达。这时，要针对他们的能力和经验，鼓励他们想象，运用自己的语言进行表达。还可以引导他们学会依照原有语言结构，更换内容，来表达更为复杂和生动的语言。

绘本《我先！我先！》

例如：散文《春天在哪儿呢》中比较固定的句式是——春天在哪儿呢？春天在小河里，看，小河里的冰融化了！春天在哪儿呢？春天在柳树上，看，柳树上的叶子绿了……

教师可以引导幼儿把句式说得更长、更生动。幼儿：春天在哪儿呢？春天在花朵上，看，小蜜蜂嗡嗡嗡地采蜜呢……

（3）5~6岁幼儿阅读。

5~6岁的幼儿已经具备一定的逻辑思维能力，能运用很多词汇、句式连贯清晰地表达。阅读之后，即使有很多不认识的字，也能联系上下文读懂文本，而且能完整讲述主要内容。还能根据对作品的理解，进行改编创造，但语序容易颠三倒四，缺乏清晰的逻辑。教师针对这些情况，可以多设计探究性、推断性、开放性思维的问题，让幼儿去猜想、探究、验证，设想各种可能的答案。例如，在阅读故事《你看起来好像很好吃》中，讲到霸王龙要吃甲龙宝宝时，教师看出幼儿有些紧张，可以先把故事停顿下来，让孩子猜想接下来会发生什么事。

课堂小练

运用本节课讲的知识点，从阅读活动设计的出发点、阅读策略和年龄的差异化教学三个方面对上节课写的教案进行小组讨论，评价其优点与不足，并指出修改建议。

案例分享

案例一 早期阅读活动：逃家小兔（中班）

活动目标：

（1）能仔细阅读图书，通过观察图书中的图画，想象猜测故事的发展情节。

（2）尝试学说"如果你……，我就……"的句式，大胆表述自己的想法。

（3）体会兔妈妈对小兔的关爱和重视，体验母子亲情的温馨。

活动重点：

理解故事的情节，体会兔妈妈对小兔的爱。

绘本《逃家小兔》

● **活动难点：**

理解故事中变化的前后关联关系，能用"如果……，我就……"来表达。

● **活动准备：**

1. 幼儿每人一册绘本图书《逃家小兔》
2. 绘本幻灯片
3. 贴绒图片一套（石头、小鳟鱼、小花、高山的石头、小鸟、帆船、空中飞人等）
4. 魔仙棒

● **活动过程：**

1. 题目导入，激发兴趣

（1）今天，我们要讲一个关于小兔子的故事，这只小兔子非常淘气，它很小，却有一个很大胆的想法，它想要离家出走，做一只逃家小兔。（出示封面图片，指读题目）

引导幼儿自主提问讨论：小朋友们，讲到这里，你有什么问题要问吗？（自主提问策略）

（2）幼儿可能提到的问题：小兔为什么要逃家？它会逃到哪儿呢？小兔的妈妈会让她逃家吗？

幼儿自由讨论，猜测回答问题。

2. 幼儿自读，初步理解

就在这个美丽温馨的晚上，小兔把自己想逃家的想法告诉了妈妈，于是她们之间就说起了关于离家出走的事。看看兔子妈妈和兔子宝宝都说什么了？

（1）观看课件，教师有感情地讲述故事第1、2、3页，讨论：小兔变成什么逃走了，妈妈又变成什么来追？（小鳟鱼 - 捕鱼人）

（2）那么接下去，兔宝宝又要变成什么逃跑呢？妈妈又要变成什么追呢？她们一共变了几次呢，请小朋友们自己阅读故事。

教师在幼儿中观察指导，收集幼儿阅读中出现的问题，允许幼儿讨论交流。

（3）请幼儿根据自己的理解讲故事"哪一位小朋友给大家讲一讲这个故事呢？"鼓励幼儿根据图画内容讲解。（预测策略）

3. 师生共读，解决难点，深入理解

（1）观看课件，完整阅读图书，邀请幼儿与教师共同讲述。

在讲述过程中，引导幼儿仔细观察画面，感受"如果你……，我就……"的句式，鼓励幼儿大胆表达。

观察画面提问，例如：引导幼儿观察第3页画面，通过渔网、背篓、胶鞋判断妈妈要去捕鱼。引导幼儿跟着会认字的幼儿讲述画面内容讨论第4-5页（彩页）。

老师：看看兔妈妈在做什么？她用什么在钓鱼？为什么用红萝卜钓鱼呢？（引导幼儿说出因为小兔子爱吃红萝卜、兔妈妈怕鱼钩伤害到小兔子等）

绘本《逃家小兔》第 4-5

老师：哦，原来兔妈妈这么爱小兔子啊。

（2）角色对话游戏。

① 在这本图画书中，你看到小兔子都变成了什么？根据幼儿的回答把小兔变化的形象按顺序，贴成一横排到展板上。

② 兔妈妈又会变成谁呢？幼儿回答后，教师逐一对应贴上兔妈妈的形象，并同时追问一句兔妈妈对小兔子的爱：兔妈妈为什么要变成一棵大树呢？兔妈妈变成了一个走钢丝的人，眼睛一眨不眨地看着在空中荡来荡去的小兔，好稳稳地接住它等。

③ 请小朋友们选择角色，分别扮演小兔子和兔妈妈，进行角色扮演，运用"如果你……，我就……"的句式。

4. 归纳总结，体味亲情

小兔子一共变了几次？都变成了什么？兔妈妈都变成了什么？最后小兔子离开家了吗？小兔为什么没有离开家，又重新投入妈妈的怀抱呢？（提取关键信息策略）

总结：妈妈是世界上最爱我们的人，妈妈爱我们，我们又该怎么爱妈妈，向妈妈表达我们对她的爱呢？请小朋友们说一说吧！

● 活动延伸：

语言游戏：小兔变变变

（1）提问："你们扮演小兔，如果妈妈来追你，你会变成什么？"（用"如果你……，我就……"的句式来回答。）

（2）介绍游戏玩法：教师来扮演兔妈妈，小朋友扮演兔宝宝，教师用魔仙棒点小朋友，点到哪个小朋友，这个小朋友就用"如果你来追我，我就会变成……"的句式来回答。

案例二　早期阅读活动：新龟兔赛跑（混龄班）

河北农业大学幼儿园　张新苍

●现状分析：

河北农业大学幼儿园共有 24 个班，全部是蒙氏混龄班。我所在的月亮 B 班，有小班、中班和大班三个年龄段的幼儿，弟弟妹妹与哥哥姐姐之间互相关心、互相帮助、合作共享，在这个温馨的大家庭里，处处都体现出浓厚的手足之情。本园一直都在进行好书漂流、亲子共读、图书借阅、故事大王评选等系列阅读活动，活动中幼儿们的语言表达能力得到了提高、分享阅读的积极性逐渐增强，同时也使得幼儿与家长的亲子阅读活动向更高层次提升。

●活动目标：

（1）不同年龄段的幼儿，根据自己对故事的理解，在原有语言基础上，尝试用较完整的语言，大胆清晰地讲述故事画册。

（2）幼儿通过与同伴一起创作故事画，体会合作的乐趣，了解故事画册的制作过程。

（3）通过制作故事画册，鼓励幼儿尝试创编故事。

●材料准备：

（1）故事画

（2）表演服装及道具若干

（3）制作故事画册的材料：剪刀、打孔器、线绳、彩笔、扣环等。

●活动过程：

1. 前期工作

教师已经讲授完幼儿故事《龟兔赛跑》，并要求幼儿创编新故事《新龟兔赛跑》，根据自己想象的故事情节，绘制故事画。此外，积极借助混龄班的优势，发挥大班幼儿的想象力，做好故事画的初稿；同时，发挥中、小班幼儿参与的积极性，在初稿基础上进行美工着色、情节续编等再创造和加工。此外，又通过好书漂流活动，让更多的幼儿参与到创作中来，使故事画更加丰富、更加精彩。

2. 将故事画装订成册

3. 故事分享、分组讲述

幼儿拿着制作好的故事画册，自主选择观众，将故事分享给其他幼儿听。

4. 故事表演

（1）讲述者在分组讲述之后，组织幼儿在小组内进行故事表演活动。教师进行观察指导。

（2）教师请有创意、表演较好的小组在全体幼儿面前进行表演。

（3）师生评价、总结。

● 活动延伸：

将故事画册继续传递到更多的幼儿和家长手中，继续进行情节创编或美工着色。

● 效果分析：

在活动中幼儿、家长和教师有秩序地进行故事画的装订、故事分享和故事表演，这既让幼儿体验了故事画的制作过程，又满足了幼儿分享阅读的欲望。同时，本次活动也更好地鼓励了家长以不同的形式参与到亲子阅读中。

阅读活动中幼儿做的续编故事书

项目一　观摩、评价幼儿阅读活动

内容：学生分小组介绍自己找到的优秀幼儿早期阅读活动视频，在全班播放，进行介绍和评析。

要求：

（1）视频可以是自己在幼儿园录制的，或者本小组录制的活动，也可以是从网上下载的。

（2）介绍者要说明推荐理由。

（3）其他学生重点记录教学组织的各个活动环节，学习教师的过渡语，能利用所学知识。对教学活动作出合理的评价，指出其优点和不足，如有不足，可以提出修改建议。

阅读活动
《母鸡萝丝去散步》

项目二 组织一次幼儿早期阅读活动课

内容： 设计一个完整的幼儿早期阅读活动的教案，开展幼儿园的模拟教学，分组竞赛。

要求：

（1）文学体裁不限。

（2）教案要求有活动目标、活动准备、活动过程和拓展延伸。

（3）教学过程要求有教具或者PPT等。

（4）以小组为单位，参加班级竞赛活动，并且进行集体评析。

拓展延伸

绘本《我就是喜欢我》介绍

作者：马克斯·维尔修斯（荷）

青蛙弗洛格一边欣赏着自己在水中的倒影，一边说："我漂亮、会游泳，跳水又比其他人跳得好。我是绿色的，而绿色是我最喜欢的颜色。这世上最好的事就是做一只青蛙。"

小鸭问："我是白色的。难道你不觉得我也很漂亮吗？"

弗洛格说："才不呢！你身上没有绿色。"

小鸭说："但是我会飞呀，而你又不会。"

然后，小鸭从地面升起，优雅地飞向天空。她飞了几圈后，降落在弗洛格面前的草地上。

弗洛格也想要飞，可是无论它怎么努力都无法离开地面。弗洛格灰心了："我是一只没有用的青蛙，我连飞都不会。"它打算去问问小猪。

"小猪你会飞吗？"

"我当然不会喽。"

"那你会做什么呀？"

"我会做的东西很多呢，我会洗衣服我还会做好吃的蛋糕。"

于是弗洛格开始学着小猪的样子做起蛋糕来，但最后还是以失败告终了。弗洛格更伤心了。它沮丧地去了野兔的家，又向野兔学习识字和看书，但还是失败了。他觉得自己是一只既普通又愚蠢的青蛙，弗洛格非常难过。

野兔说："你不要这样，我也不会飞，我也不会做蛋糕呀。那是因为我是一只兔子，而你是一只青蛙呀。可是我们大家都爱你！"

弗洛格到了小河边，看着自己在水中的倒影，忽然它又高兴起来："我就是我，我既漂亮又会游泳，最重要的是我是绿色的，全世界最好的事就是做一只青蛙了！"

单元五　幼儿早期阅读活动

图片展示：

1. 《我就是喜欢我》封面

2. 弗洛格在小河边，欣赏着自己在水里的倒影，觉得世上最好的事就是做一只青蛙。

3. 小鸭子说："难道你不觉得我也很漂亮吗？我是白色的，而且我还会飞。"

4. 弗洛格也想要飞，可是无论它怎么努力都无法离开地面。

5. 弗洛格问小猪会做什么，小猪说："我会做好吃的蛋糕。"

6. 弗洛格开始学着小猪的样子做蛋糕，但最后还是以失败告终了。

7. 弗洛格沮丧地去了野兔家，又向野兔学习识字和看书。

8. 弗洛格学不会，哭着说："我什么都不会！"

9. 野兔安慰弗洛格，说大家都爱弗洛格，因为弗洛格是一只青蛙。

10. 弗洛格找到了自信，又高兴起来，跳出来一个大大的青蛙跳！

互动式分享阅读对4～6岁幼儿阅读兴趣、叙事能力的影响（节选）

吴 燕

互动式分享阅读：在良好的阅读环境中，以培养儿童的阅读兴趣、习惯、发展他们基本的阅读能力为主要目的，家长和孩子共同阅读一本有童趣、符合儿童认知水平的读物，双方就书中的内容开展互动式讨论，共同分享阅读所得，孩子可以根据自己的意愿以复述、表演、绘画等多种形式表达阅读的感受。在这个过程中，家长不仅仅是一个讲述者，更是一个平等的参与者，一个倾听者、分享者，孩子的任何感悟、任何感想都应该得到积极关注和引导。

使用互动式分享阅读方法进行亲子阅读时需要遵循以下原则：

大声朗读：在大声朗读的过程中，声带运动会刺激大脑皮层的听觉区和运动区，视觉区也同步工作，有利于加强记忆效果。此外，在朗读过程中，孩子们不自觉地就会把自己对文字的理解体现在声音的抑扬顿挫、语速的急缓转变、语气的婉转曲折中，自然而然就走进了作品的语境中，"因声入境"。

以开放性、启发式问题推动阅读：家长根据每一个共读故事的类型、难度和幼儿的实际情况，使用开放性问题引导幼儿参与讨论，使用启发式问题引发幼儿对故事的思考，抓住幼儿的注意力，增强幼儿的参与感，最大限度地促进孩子的观察、思考和语言能力的发展。

充分分享阅读感受：在阅读过程中或者阅读结束后，一定要与孩子聊聊刚阅读过的内容，分享相互的阅读感受。分享阅读感受绝不是盘问孩子对故事的解释，如"这个故事讲了一个什么道理"这类问题是不可取的，同时对孩子的任何感受，家长都应该允许，不要轻易问"为什么"，最好的做法是认真地倾听，表现出对孩子发言的兴趣。

体验式阅读：亲子阅读过程中，家长可以根据书的内容补充一些其他形式的活动，如模仿故事中人物动作，使用复述、表演、绘画等形式表达阅读感受。

——摘自硕士学位论文（2014.4）

单元六　幼儿语言教学游戏活动

学习目标

1. 能够概述学前儿童语言游戏的特点、作用、分类。
2. 能够根据年龄和教学内容设计语言教学游戏活动方案。
3. 能够运用幼儿园语言教学游戏活动的组织方法设计活动方案并组织实践活动。
4. 能够完成小组合作的语言游戏教学任务和教学评价，培养教学反思意识，促进教科研能力的发展。
5. 能够尝试创作学前儿童语言游戏，具有创新意识。

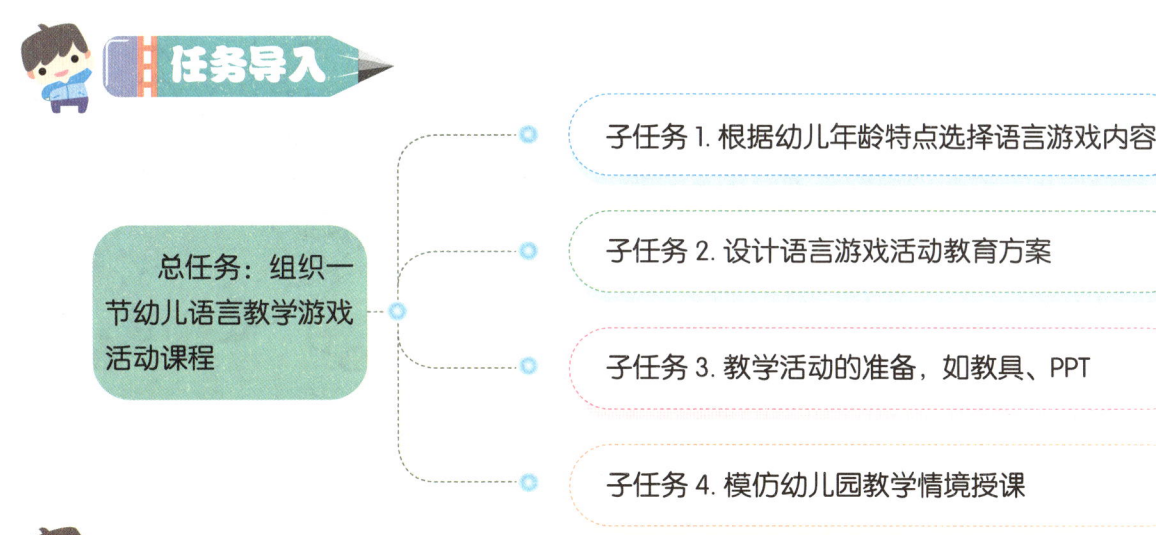

任务导入

总任务：组织一节幼儿语言教学游戏活动课程

- 子任务1. 根据幼儿年龄特点选择语言游戏内容
- 子任务2. 设计语言游戏活动教育方案
- 子任务3. 教学活动的准备，如教具、PPT
- 子任务4. 模仿幼儿园教学情境授课

基础知识

一、语言教学游戏概述

1. 什么是语言教学游戏

（1）语言教学游戏的含义。

游戏指游玩、戏耍的娱乐活动，中国传统的"游戏"指活动场所依次相对变化，在运动中存在一定的竞技和搏戏因素，同时又具有一定的娱乐性和趣味性。但是，有的游戏只注重娱乐

性，而忽略健康性和教育性，所以，幼儿园教学要对游戏进行筛选和再创造，发挥其"寓教于乐"的功用。

语言教学游戏是智力游戏的一种，是在教师组织指导下以发展语言为主要目的的一种有规则的游戏，是一种语言教育活动。它将游戏的形式与发展语言的任务相结合，可以提高幼儿学习语言的兴趣，目的在于达到"游戏学习化，教学游戏化"。

（2）语言教学游戏的特点。

因为语言教学游戏属于智力游戏，而智力游戏是有规则游戏的一种，所以语言教学游戏具有其特殊的特点。

①有明确的语言教育任务。

每一个语言教学游戏都包含着对语言学习的具体要求，是教师为了实现语言教育的目标选择（设计）组织的游戏活动。例如小班教学游戏"打电话"，教学目标在于让幼儿练习使用"我""你""她"，并正确使用"谢谢""你好""再见"等礼貌用语。

幼儿游戏

②有一定的规则。

游戏的规则是教师根据具体的教育目标，选择适当的语言学习内容，将学习的重点转化为一定的游戏规则。它是对游戏中被允许的和被禁止的某些特定活动的规定，是游戏者在游戏中必须遵守的。游戏的规则既可以提高游戏的趣味性，又可以激发游戏者参与的积极性。

③有一定的结果。

理想的语言教学游戏结果就是达到该语言教学的目的。成功的游戏结果，既可以提高幼儿语言的能力，又可以激发其继续参与游戏的积极性，这样的结果是每一位教师在组织语言游戏中追求的目标。

打电话游戏

2. 语言教学游戏的教育作用

（1）激发幼儿学习语言的兴趣。

游戏是幼儿的主导活动，是幼儿园的基本活动和主要活动形式。寓教于乐是实现幼儿园的教育目标的重要途径。语言教育游戏就是寓语言训练的任务于游戏之中，在这样的语言教学活动中，教师留给幼儿更多的游戏空间，更好地贴近幼儿的学习特点，使幼儿在轻松愉快的气氛中进行学习，以激发幼儿学习语言的兴趣，增强其学习语言的主动性和积极性。

（2）促进幼儿智力的发展。

语言是思维的工具，幼儿早期的语言能力是智力发展的重要标志。从游戏的分类来看，语言教学游戏属于智力游戏的一种，是发展幼儿智力的重要手段。

在游戏中，幼儿要按照老师的要求，理解游戏的玩法和规则，学习正确的发音，掌握、运用更多的词汇，练习完整、连贯地表达自己的思想，这些都需要有感知、记忆、想象、思维等活动的参与。一个好的语言游戏，可以使幼儿在愉快的情绪伴随下，锻炼思维的敏捷性和灵活性，养成乐于动脑、动手和动口的学习习惯，促进幼儿注意力、观察力、记忆力、思维力、想象力、言语表达能力等智力因素的全面发展。

（3）有效地提高幼儿语言能力。

《纲要》在语言教育指导要点中指出："语言能力是在运用的过程中发展起来的，发展幼儿语言的关键是创设一个能使他们想说、敢说、喜欢说、有机会说并能得到积极应答的环境。"语言游戏首先需要幼儿听懂游戏的规则，然后按照规则进行活动，这就培养了幼儿积极倾听的习惯。同时，语言游戏又侧重于语言的表达，在竞技比赛的活动中，幼儿需要迅速领悟游戏规则，快速调动已有的语言经验编码，然后以合乎规则的内容表达出来，这就锻炼了幼儿语言交往的机智性和灵活性，有效地提高了幼儿的语言能力。

3. 语言教学游戏的分类

语言教学游戏是以培养幼儿倾听和表达能力为主要目标的教育活动，一种是以"听"为主的游戏，另一种是以"说"为主的游戏。但是，在幼儿学习语言时，"听"和"说"是互相依存、共同发展的，只是在一个具体的游戏中发展的侧重点不同。按照语言教学游戏对幼儿语言发展的主要方面，可以将语言教学游戏分为以下几种不同类型。

（1）语音游戏。

在《纲要》中语言教育目标第五条明确指出，幼儿应达到"能听懂和会说普通话"的目标。而我们已知道语音习得的关键期是在幼儿期，所以对幼儿进行语音教育非常必要。

语音游戏是以练习正确的发音和听音能力为目的的游戏。其形式和结构比较简单，在游戏中可以练习各种基本发音，也可以重点辨别和练习某一年龄段或某一地区容易出现错误的语音，以便使幼儿在没有太大压力的游戏中学会听音、辨音和发音。

清楚、正确的发音是运用口语进行交际的必要条件，发音准确是语音学习的基本要求，幼儿发音不准主要有两个原因：一是发音系统发育尚没完成或发音系统有缺陷，二是受当地方言的影响。教师有必要掌握本地语音与普通话语音的区别，再结合幼儿本身的发音特点找出本地区幼儿普遍感到困难和容易发错的音，确定语音游戏的内容，进行针对性的练习和指导。例如：

听说游戏"顶锅盖"活动设计（中班）

活动目标：

1. 能遵守游戏规则，并积极地参与游戏活动。

2. 养成注意倾听的习惯，提高语言表达和动作反应的敏捷性。

3. 发准"盖、怪、菜"等容易混淆的字音，并能根据自己的生活经验，说出各种菜肴的名称。

活动准备：

1. 教师准备小锅盖一个。

2. 教师或家长在活动前丰富幼儿对有关菜名的认识。

小锅盖

活动过程：

1. 教师出示锅盖，用手指顶着锅盖的中心，口念游戏儿歌，营造一个轻松愉快的游戏气氛，引起幼儿对游戏活动的兴趣，然后，带领幼儿一起念游戏儿歌，练习准确发"盖、怪、菜"等字音。

2. 教师讲解游戏规则。

（1）幼儿必须边念儿歌，边用食指顶着"手掌锅盖"。

（2）儿歌念完，"手掌锅盖"才能去抓顶着锅盖的食指，同时食指也要赶紧缩回，不让"锅盖"抓住。

（3）若被抓住，就要问"烧的什么菜？"被抓住的幼儿必须说出一道菜的名称，方能与"锅盖"交换角色，然后游戏继续进行。

3. 教师引导幼儿游戏。

（1）可采用提问的方式，根据幼儿已有的生活经验，引导幼儿说出各种菜肴的名称。

（2）教师扮"锅盖"，引导幼儿玩"顶锅盖"游戏。

（3）引导幼儿一只手做"锅盖子"，另一只手顶锅盖。自问自答玩游戏。

4. 幼儿两两结伴玩游戏，教师注意观察全体幼儿的活动情况，对出现的问题及时予以帮助和指导。

附儿歌：

《顶锅盖》

顶锅盖，油炒菜，辣椒辣了不要怪。

噗！一口风。噗！两口风。噗！三口风。

单元六 幼儿语言教学游戏活动

《顶锅盖》是一次幼儿园语言教育中的听说游戏活动，它是为培养幼儿倾听和表述能力而专门设计的一种语言教学游戏。活动设计和组织按照四个步骤进行，即设置游戏情境——交代游戏规则——教师引导游戏——幼儿自主游戏。这种特殊形式的语言教育活动含有较多的规则游戏的成分，能够较好地吸引幼儿参与到学习语言的活动中去，并在积极愉快的活动中完成语言学习任务。

（2）词汇游戏。

词汇游戏是以丰富词汇和正确运用词汇为目的的游戏。词是语言中最小的意义单位，正确地理解词的含义是理解他人语言的前提。词汇游戏不仅可以教给幼儿一些新词，也可以帮助他们进一步理解已学过的词的意义，学会正确地使用词汇，从而使消极词汇变成积极词汇。

在幼儿园里练习运用词汇的游戏很多，但是应注意针对幼儿的不同年龄特点有所侧重。如3岁前应以丰富名词、动词为主，小班应重视动词的丰富和运用，中大班在丰富各种词汇的同时，应注重提高词汇的运用能力。

例如：

奇妙的口袋（混龄班）

这个游戏针对不同年龄班的幼儿制定不同的目标。

小班目标：能够说出触摸到的玩具名称（3～5件）。

中班目标：能够说出触摸到的玩具名称及其特征（6～8件）。

大班目标：能够说出触摸到的玩具名称、特征及其用途（玩法）。

游戏准备：一个布袋、玩具若干和小红花若干。

游戏玩法：请一个幼儿用手在口袋里摸索，不能看，只能通过触觉进行判断。然后教师根据幼儿年龄提出不同要求。说对的奖励一朵小红花，说错的让其找另外一个幼儿来摸，看谁说对的多，得到的小红花就多。

游戏规则：描述者不允许偷看。

备注：为了增强游戏的趣味性，保证游戏规则的执行，可以让描述的幼儿将眼睛蒙起来。

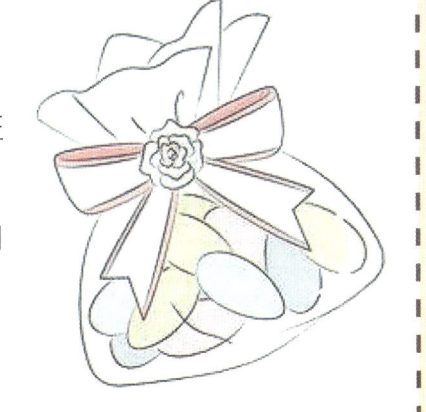

奇妙的口袋

（3）句子游戏。

句子游戏是以训练幼儿按语法规则组词成句，并正确运用各种句式为目的的游戏。教师在选择句子游戏时，应了解幼儿的句子发展已有水平，是处于双词句、简单句还是复杂句阶段，

游戏的要求要在最近发展区，不宜过高或过低，以便让幼儿在游戏中体验到成功和快乐。这类游戏主要在中、大班进行。例如：

句子游戏活动"快乐造句"（大班）

游戏目标：引导幼儿学说"谁在什么地方干什么"的句式，培养幼儿的语言表达能力。

游戏准备：各种人物、小动物的形象图片，各种场景图片（PPT）。

句子游戏

游戏玩法：教师运用部分人物或动物以及场景图片组成画面，请幼儿用"谁在什么地方做什么"的句式进行表述，鼓励幼儿用优美的语言、肢体动作描述出各个场景。

游戏规则：幼儿造句要准确恰当，肢体动作要与说出的句子一致；当一名幼儿回答问题时，其他幼儿不可以进行动作和语言提示。说出以后，可请全体幼儿进行肢体动作的模仿，增加趣味性。

（4）描述性游戏。

描述性游戏主要是以训练用简单、动作、形象的语言描述事物的特征，发展连贯性语言为目的的游戏。这类游戏一般在幼儿具有了一定的语音、词汇、句子的基础上进行，要求幼儿的语言完整、连贯，有一定的描述能力，是一种比较综合的、较高级的语言训练游戏，已在中、大班进行，可以有效地提高幼儿的口语表达能力。

例如：

"房子里有什么"（大班）

游戏目标：用正确的方位词描述某个房间里的陈设，较清楚地描述自己家房子的基本结构。

游戏准备：反映室内陈设的幻灯片若干张。

游戏玩法：教师将准备的幻灯片播放给幼儿看，请一名幼儿向全体幼儿描述这个房间里的陈设。其他幼儿根据该幼儿的描述找出其描述的地方。第一个猜对的幼儿，可以接着做游戏，向大家继续描述。

游戏规则：描述者不允许边看边描述；不允许偷看图片。

游戏"房子里有什么"

备注：为了增强游戏的趣味性，保证游戏规则的可执行性，可以让描述的幼儿将眼睛蒙起来。

> **课堂小练**
>
> 1. 说一说幼儿识字教学游戏与小学识字教学有哪些主要区别？在幼儿园设计识字游戏时，如何防止识字游戏小学化？
> 2. 小组活动实践：从本节幼儿语言游戏的案例中选择一种游戏或者改编创造新游戏，小组内进行幼儿园语言游戏的模拟活动。

二、幼儿语言教学游戏活动的设计与组织指导

1. 语言教学游戏的结构

语言教学游戏一般包括游戏目标、游戏准备、游戏玩法和游戏规则四个部分。游戏目标即幼儿通过游戏所要实现的语言学习任务，游戏目标可以是单一的（如只练习听音），也可以是综合的（如既要听音，又要发音等）；游戏准备是保障游戏顺利进行的物质要求；游戏玩法是介绍游戏内容和操作步骤的具体说明，也最能体现游戏的趣味性；游戏的规则是保障游戏顺利开展的原则，也是奖励和惩罚的依据。

游戏活动，首先，要做到趣味性，让幼儿乐于参与。其次，要做到有序性，保障幼儿能在游戏中按照规则、步骤完成游戏内容，顺利地实现游戏语言教学的目标。最后，教师要根据游戏内容的需要，准备好教具，使游戏形象、生动，具有吸引力。

语言游戏活动的目标

2. 语言教学游戏组织要点

（1）教师创设游戏情境。

创设游戏情境的主要目的，在于使幼儿在宽松愉快的氛围中受到感染，调动其参与语言教学游戏的积极性，以便产生良好的语言教育效果。

①用实物创设游戏情境。在导入游戏时，教师运用一些与游戏相关的、形象直观的实物创设游戏的环境和气氛，会迅速地将幼儿带入游戏的气氛中。

例如：

> **"袋鼠妈妈的大口袋"（小班）**
>
> **游戏目标：**能在集体面前大胆说话。掌握一些小动物及物品的主要特征，巩固已认识的字。
>
> **游戏准备：**袋鼠妈妈的大套装一件，小动物及一些常见物品的纸卡剪影（正面的、侧面的），与剪影相对应的字画卡片。

游戏玩法及过程：

1. 教师扮演袋鼠妈妈，告诉小朋友，袋鼠妈妈的大口袋里有好多小动物，硬纸卡剪影和好吃好玩的物品剪影，想请小朋友来摸摸，摸出来后说出它是什么，谁说对了，就送给谁这样东西的字画卡。

2. 幼儿逐个伸手到大口袋去摸，再说摸出的是什么，说对了就送上相应的字画卡片，让幼儿念一下这个字。例如，摸到卡片兔，就说兔子是什么样的，爱吃什么，然后将卡片兔送给该幼儿。

游戏规则： 幼儿可三三两两相互交换手中的画卡，其他幼儿不允许随便乱说话，根据教师要求有顺序地进行游戏。

袋鼠妈妈的大口袋

②用动作表演创设游戏情境。用动作表演创设情境，让幼儿想象游戏中的角色，想象游戏的内容和进行方式，激发幼儿参与游戏的兴趣和欲望。

例如：

"请你照我这样做"（小班）

游戏目标： 使幼儿听懂对方说的内容，并能按指令做各种不同的动作。

游戏玩法及过程：

1. "大拇指"和"小拇指"。教师说，幼儿做动作。例："翘翘大拇指""伸出小小指""拇指、小指碰碰"等。

2. 五官变形。教师说，幼儿有趣地表演五官变形表情。例："张开大嘴巴""闭上一只眼""拉拉长耳朵""捏捏小鼻子"。

3. 照我说的做。教师或请幼儿发指令，其余幼儿听指令做动作，也可边念边做动作。

例："小手伸出来，小脚躲起来""小手抱抱头""小手拍屁股""小脚伸出来，小手抱起来""先拍手，1、2、3，再跺脚，3、2、1，最后跳三下"等。

游戏规则： 可让幼儿三三两两做游戏，一人说、三人做或你说我做。

请你照我这样做

③**用语言创设游戏情境**。用语言创设情境，以唤起幼儿的记忆，调动幼儿的经验，引导幼儿进入角色，如某幼儿园一老师的语言游戏活动《改错》的开场白："今天早上，我吃完汤，喝完饭，出门看见太阳落山了。"老师的话未说完，教室里已满是幼儿的说话声、笑声，见此情景，老师趁机提问："你们为什么笑？我什么地方说错了？应该怎样说？"可见，教师创设的这一情境，激发了幼儿的兴趣，巧妙地将幼儿带入"改错"的游戏中。

（2）教师介绍游戏的玩法和规则。

在创设游戏情境后，教师要向幼儿介绍游戏的玩法和规则，只有掌握了游戏的玩法和规则，游戏才能顺利进行，游戏的教育目的才能实现。需要注意的是：

①介绍游戏玩法时，语言简单明了，讲清楚游戏活动开展的顺序。

②讲清楚游戏规则。说明游戏中禁止和允许的事情，以保证游戏目的的实现。

③讲解与示范同步。示范是学会语言教学游戏的主要途径，教师可以通过语言的解释或语言、动作示范相结合的方式使幼儿掌握游戏的玩法，避免游戏中可能发生的问题。

例如：

幼儿园大班语言活动设计：听说游戏"说相反"引导幼儿说出反义词。在教学过程的第二个环节介绍游戏规则和玩法：

教师将正反义词的概念引入生活，让幼儿继续感知。

老师：在我们生活中还有很多这样的词，现在老师这里有个盛水的鱼缸，老师把乒乓球放进去，快看看会发生什么吧。

幼：乒乓球浮在水面上。

老师：现在老师把玻璃球放到水中，你们猜猜玻璃球会怎么样？

说相反

幼儿园大班语言活动设计：听说游戏"说相反"引导幼儿说出反义词。在教学过程的第二个环节介绍游戏规则和玩法：

1. 教师将正反义词的概念引入生活，让幼儿继续感知。

老师：在我们生活中还有很多这样的词，现在老师这里有个盛水的鱼缸，老师把乒乓球放进去，快看看会发生什么吧。

幼：乒乓球浮在水面上。

老师：现在老师把玻璃球放到水中，你们猜猜玻璃球会怎么样？

幼：玻璃球会沉下去。

老师：（教师将玻璃球放入水中）果然玻璃球沉下去了。原来沉和浮也是一对反义词。

小结：原来含义相反，相互对立的词语就叫"反义词"。

2. 教师介绍游戏规则。

老师：现在老师给每个小朋友桌上放一个空鱼缸，请小朋友去区角选择厚薄、轻重、长短不同的两种玩具投放在自己的鱼缸里，并告诉大家你选择的玩具为什么相反。

（3）教师引导幼儿游戏。

在3岁前幼儿和小班幼儿的游戏中，教师可以直接参加游戏，担任主要角色。游戏开始时，教师可请部分能力强的幼儿和教师一起游戏，给其他幼儿起到示范作用，并进一步熟悉游戏的玩法和规则。

在中、大班，教师讲清楚玩法和规则后，也可以先请部分能力强的幼儿试做游戏，既可以起示范作用，又可以检查幼儿是否明确了游戏的玩法和规则，如发现问题，教师应及时予以纠正。当全部幼儿都明确玩法和规则后，就可以正式让幼儿进行自主游戏活动了。

（4）幼儿自主游戏。

这个环节中，教师要使全体幼儿都能积极地参与游戏，实现游戏的教育目的。教师的角色是活动的观察者和游戏的引导者。

①观察者。在自主游戏阶段，教师的角色应是游戏的观察者：一是观察幼儿对游戏玩法、规则的掌握和游戏目标的完成情况，督促幼儿遵守游戏的规则；二是观察幼儿个体的表现及幼儿在游戏活动中出现的问题。

②引导者。对游戏活动中发现的问题，教师要及时地予以引导，除了规则性的问题，不要过多地限制和束缚幼儿，以免影响幼儿参与的积极性。此外，作为引导者，教师要相信幼儿，让幼儿在与同伴的互动游戏过程中体验成功和失败，从而更加主动地吸收语言信息，更加准确地运用语言。

在游戏中，教师还要针对幼儿的个性特点和游戏水平，采取相应的指导方式，因人施教，使每个幼儿都能通过游戏，在原有水平上得到尽可能的发展。例如，对某些胆小、内向的幼儿，教师要鼓励他们，提高他们参与游戏的热情；对活泼开朗的幼儿，教师要引导他们专心游戏，遵守游戏规则；对表达和交往能力较弱的幼儿，教师可通过引导小伙伴带着他一起游戏，激发他对游戏活动的兴趣。

（5）评价、总结游戏活动，提升游戏水平。

游戏后的总结和评价是为了促进幼儿语言的进一步发展，是语言游戏活动的重要部分。教师组织幼儿评议和总结游戏，使游戏更好地发挥教育作用，提高幼儿的分辨能力，促进游戏水平的提高，同时游戏的评价本身也能促进幼儿语言能力的发展。

对游戏的评价一般在教师的主持下，由教师和幼儿共同参加，也可以分组进行现场评价。对年龄较小的幼儿，可以用游戏的口吻进行评价；对年龄较大的幼儿，教师可以提供一些合理的建议或让幼儿进行自我评价。及时评价可以强化游戏的正确玩法，进一步明确游戏的规则，纠正游戏中出现的问题。评价不必面面俱到，而要做到有目的、有重点，为日后更好地开展自主游戏奠定基础。

3. 语言教学游戏在各年龄班的运用

一个人从出生到基本上掌握日常生活母语，需要五六年的时间。在适当的时期接受适宜的语言刺激，是促进语言能力形成和发展的关键。由于幼儿年龄不同，语言教育的要求也有所不同，所以各年龄班的语言教学游戏也各有自己的侧重点。

（1）小班语言游戏指导要点。

①小班幼儿语言特点。3～4岁幼儿词汇量缺乏，概念不清，表达上受限制；对词语、语句记忆的范围小，影响对语义的接受效果。小班幼儿正处于语言发展的关键期，在这个阶段中，他们对语言的理解和接受能力较强。这一时期，幼儿词汇量增长很快，其中名词、动词等易掌握的词占多数，并且开始掌握一些日常生活中经常出现的、表示物体具体形状和品质的形容词，如大、小、软、硬、长、短、高、矮等，其他简单的副词（不、又、都）、代词（你、我）、介词（在、到）、助词（的、吗、呢）等已开始使用，并懂得一定数量的反义词。但总的来说，小班幼儿的言语活动不能脱离眼前具体的情境和自身的动作，而且语言的连贯性差，往往会将句子颠倒，或说一些不完整的句子。

②语言游戏的指导要点。3～4岁幼儿的语言教学以发音、正音和丰富词汇为主，因此该年龄的语言教学游戏应以发音游戏和词汇游戏为主。在游戏中，教师可以直接参加，担任游戏的重要角色。这样，既可以为幼儿示范、提供模仿榜样，又可以调控游戏，实现游戏的目的。

例如：

小动物爱吃的食物（小班）

游戏目标：

1. 学说简单句"××爱吃××"。
2. 知道小动物喜欢吃什么食物，能正确地给小动物喂食。

游戏准备：

1. 小动物转盘（狗、猫、兔子、熊猫、小羊）；
2. 肉骨头、小鱼、萝卜、草和竹子的图片。

游戏玩法和规则：

教师与幼儿一起玩转转盘，师念儿歌："转转盘，转转盘，拨一拨，转一转，小朋友们认真看，小动物们要吃饭。"转盘停止后，幼儿说出小动物的名称，说出小动物喜欢吃的食物，如说"小花猫爱吃鱼"，并将手中的食物图片送给小动物。反复玩，直到将图片送完为止。

小动物爱吃的食物

（2）中班语言游戏指导要点。

①**中班幼儿语言特点。** 4～5岁幼儿发音器官已发育完善，能正确清楚地发音，口齿流利。这时期幼儿词汇增长迅速，掌握的词语以名词、动词、形容词为主，对词义的理解比小班幼儿深刻、全面。对一些抽象的名词如"昨天""明天"等还易混淆，对量词和数词的掌握仍有一定的困难，但能按基本的语法组织句子，表述自己的见闻，且语言的连贯性有了初步发展，但仍只能断断续续地叙述事物的片段。

②**语言游戏的指导要点。** 4～5岁幼儿的语言教学目的是以丰富词汇、会说完整的句子和提高表达能力为主，语言教学游戏也应该以词语游戏、句子游戏和描述游戏为主。在幼儿掌握了游戏的玩法和规则后，教师一般作为观察者和环境、材料的提供者进行间接地指导和调控。

例如：

幼儿中班游戏活动教案《堆馒头游戏》

游戏目标：

1. 帮助幼儿进一步提高迅速串接儿歌。
2. 仿编儿歌。

游戏准备： 实物教具：小馒头七个、PPT

游戏过程：

1. 播放有美味食物图片的幻灯片，激发幼儿的兴趣

老师："小朋友们，今天呀，老师给你们带来了好多食物宝宝，我们一起来看看，看看你们是不是都认识这些食物宝宝！"播放幻灯片，提问小朋友是不是吃过这些食物，喜不喜欢吃。

单元六　幼儿语言教学游戏活动

2. 了解儿歌内容及相关游戏规则

老师："呀，对了，老师还带来了另一个小妹妹朵朵！她想要请你们猜猜她喜欢吃什么食物？我们来仔细看一看、听一听她到底喜欢吃什么呢？"

（1）播放视频，让幼儿根据自己对视频的理解，猜猜朵朵喜欢吃什么食物，并熟悉儿歌。

老师："看完了这个动画，你们猜出来了吗？"

老师："你们是怎么猜出来的呢？"当幼儿回答出，是听儿歌猜出来时，教师引导幼儿跟着视频一起大声读一遍。

堆馒头游戏

（2）老师（出示小馒头）："除了朵朵爱吃馒头，老师也很爱吃馒头，我还喜欢一边唱儿歌一边玩堆馒头的游戏呢！"边堆馒头，边唱儿歌。

（3）老师："今天呀，老师去买馒头的时候馒头已经卖光了，所以你们不能玩这个游戏了（遗憾的表情），但是（突然很高兴）我想了一个办法，我们可以用我们的小手来当作馒头玩这个游戏！"

3. 游戏

（1）示范：请两个幼儿与老师一起做游戏。

（2）幼儿轮流接唱儿歌，边伸出右手做四指握拳，拇指向上的动作；第一人伸出手后，第二人握住第一人的拇指，依次叠放堆积。

（3）儿歌唱完后，手在最上面的幼儿为胜利者，下次游戏活动由他领先开始。

（4）提醒幼儿注意倾听前面幼儿唱的儿歌，不能随意重复、乱改儿歌的结构。

4. 尝试仿编儿歌

（1）幼儿两两结伴游戏，进一步理解游戏玩法与规则。

（2）引导幼儿尝试仿编，进一步拓展游戏玩法。

老师：刚才小朋友们都堆了好多美味的馒头，我们再想想除了堆馒头，还可以堆什么呢？它是什么味道的？在儿歌里，可以怎样说？嗯……老师喜欢吃水果，最喜欢葡萄，我先来编一个关于葡萄的儿歌！

示范仿编：堆葡萄、堆葡萄，葡萄堆得高，葡萄堆得好，个儿小，味道好，吃得大家哈哈笑！

5. 引导孩子自主游戏，进一步仿编儿歌

（1）请幼儿以小组为单位，围圆自主开展游戏，教师巡回观察、指导，鼓励幼儿继续仿编儿歌。

（2）师幼共同交流游戏感受，结束活动。

附儿歌：

堆馒头

堆馒头、堆馒头，

馒头堆得高，馒头堆得好，

香喷喷、甜蜜蜜，

吃得大家笑哈哈。

（3）大班语言游戏指导要点。

①大班幼儿语言特点。5~6岁幼儿不仅能正确发音，而且能按语音意思来调节自己的音调。他们掌握的词汇在数量和种类上有所增加，对词义的理解也较为深入，开始能够掌握一些抽象、概括的词，并能运用一些连词、副词来表达事物的因果、假设、并列、递进、转折、条件等逻辑关系。

②语言游戏的指导要点。5~6岁幼儿的词汇相对比较丰富，可以说完整的句子，语言表达能力逐渐提高。因此，在游戏时，要求幼儿能自觉遵守游戏规则，教育目的以语言的运用能力为主。教师要创设能激发幼儿语言表达能力的环境，通过鼓励、建议、澄清等方式让幼儿在游戏中大胆地想象和创编，从而发展应用语言能力。参考：案例分享中的"看谁说得好"（大班）。

课堂小练

针对幼儿年龄特征，设计一个幼儿园语言教学游戏活动，要求写清游戏名称、班级、游戏目标、游戏准备、游戏玩法和游戏规则。然后小组进行讨论，推荐一个本组最佳的游戏活动方案，并说一说推荐理由。

三、课堂实战练习的组织与指导

幼儿园语言游戏活动是幼儿园语言教育活动的形式之一，那么，如何在幼儿园有效实施该活动呢？作为一名幼儿教师，仅仅会设计幼儿语言游戏活动的方案是不够的，更要将活动设计转化为实践活动，提高教师与幼儿的沟通能力，激发幼儿参与语言游戏活动的兴趣，提高幼儿的语言表达能力。

单元六 幼儿语言教学游戏活动

【课堂实战练习】

分组进行模拟幼儿园语言游戏活动的教学，教学内容可以选择上节课小组推荐的游戏活动方案，也可以选择以下游戏。

听说游戏：可爱的小动物（小班）

游戏目标：

（1）能正确地说出小动物的名称，准确地发出"咕、汪、喵、嘎、叽、蹦"等音，并能协调地模仿小动物动作。

（2）学会倾听教师讲解游戏要求和规则，掌握游戏方法，遵守游戏规则。

游戏准备：

（1）背景图（画有草地、蓝天和白天）。

（2）教具：小鸡、小鸭、小花猫、小黄狗、小白兔和小鸽子。

可爱的小动物

（2）汽车挂件1个，汽车方向盘1个。

（3）小鸡、小鸭、小花猫、小黄狗和小白兔等头饰与人数相等。

游戏玩法及过程：

1.导入活动

出示背景图，教师："今天，有很多小动物要到我们班做客，看看谁来了？"

2.教师一一出示小动物教具

（1）小鸽子：小鸽子是怎样来到我们班的呢？（飞来的）怎样飞呢？请个别幼儿表演，小鸽子的本领可大了，能飞到很远很远的地方去送信还能飞回来，不会迷失方向，小鸽子是怎样叫的呢？（咕咕咕）

（2）小鸭：小鸭身上的毛是什么颜色？它的嘴巴长得什么样子？（扁扁的）它有什么本领？（游泳）它喜欢吃水里的什么？（小鱼和小虾）小鸭怎样叫？（嘎嘎嘎）

（3）小鸡：小鸡的嘴巴和小鸭的嘴巴长得不一样，小鸭的嘴巴长得扁扁的，小鸡的嘴巴是什么样的？（尖尖的）它喜欢吃什么？（虫和米）它会怎样叫？（叽叽叽）

（4）小花猫：它有什么本领？（捉老鼠）它是怎样叫的？（喵喵喵）

（5）小黄狗：它喜欢吃什么？（肉骨头）它会怎样叫？（汪汪汪）

（6）小白兔：小白兔它的耳朵（长长的），眼睛（红红的），它们怎样走路？

（蹦蹦跳跳）。

那么多小动物到我们班来做客，我们小朋友非常高兴、特别开心。

3. 教儿歌《可爱的小动物》，知道小动物的名字、叫声和动作

（1）教师示范儿歌，并配合动作，让幼儿仔细听和看。

（2）学习儿歌，并认读"咕、汪、喵、嘎、叽"等字。

（3）边念儿歌，边做动作。

4. 游戏儿歌《可爱的小动物》

（1）教师说小动物的名字，小朋友模仿小动物的叫声，并做动作。待熟悉玩法后，适当加速，要求一定要教师说完后才能说和做。

（2）引导游戏，请个别幼儿上台表演。教师说小动物的名字，小朋友模仿小动物的叫声做动作，要求说话声音响亮、吐字清晰。

（3）改变游戏玩法，教师模仿小动物的叫声，小朋友说小动物名字，并做动作。

附游戏儿歌：

可爱的小动物

小鸽子咕咕咕，小鸭子嘎嘎嘎，小小鸡叽叽叽，

小花猫喵喵喵，小黄狗汪汪汪，小白兔蹦蹦跳跳。

5. 教师放"开汽车"音乐

（1）教师做动物汽车司机，脖子上挂动物汽车挂件，手握汽车方向盘。幼儿自己选择小动物头饰扮演小动物。

司机说："嗨！嗨！动物汽车就要开！"

小动物问："谁来坐？"司机选一人，被选中者必须说一句，如："我是小羊咩咩叫，坐上汽车快快跑，嘀嘀……"小羊还必须做小羊的动作走到司机身后，用双手拉着司机的衣服，在活动室开一圈后，游戏继续进行。

（2）可请1～2名幼儿做动物汽车司机，手握方向盘，带领开展"动物汽车"的游戏活动。在游戏活动中，教师应提醒幼儿，汽车的速度不要过快，两辆汽车之间要保持一定的距离，防止发生碰撞。

指导要点：

①当学生实际模拟幼儿园教学活动时，注意指导学生的教态、语言是否得体、恰当，过程是否合理。

②当学生模拟上课结束后，要求学生先自我反思，所组织的活动是否达到自己的预期，有哪些方面做得满意，哪些地方需要改进。

③要求其他同学点评。

④教师总结该同学本次活动有哪些需要注意的地方，指出并希望其他同学借鉴和注意的地方。

【教育策略】

《纲要》指出"儿童的语言能力是在运用的过程中发展起来的"，因此，教师要为幼儿创设丰富的语言运用环境和学习机会。在实际工作中，教师可以依据语言教育的目标和不同年龄幼儿语言发展的一般特点，选择语言教学游戏内容。但是，在教学的组织过程中教师经常会出现一些问题，下面结合常见问题简要介绍游戏活动的指导策略。

1. 语言游戏活动的目标要明确

在实际的语言教育活动中，有些教师对游戏的目标设计不明确，缺少语言游戏活动的目标。例如，在语言游戏教育活动"请进来"中，老师先以敲门声引入问话"你是谁呀？"以吸引幼儿注意，把幼儿带入语言教育活动中来；然后安排了一个表演环节，随着敲门声的不断响起，教师在教室里不断重复"你是谁呀"的问话，另一教师则在门外依次回答"我是小鸡""我是小白兔"等，然后模仿小动物的声音及走路的样子，进入教室，并按照"我是谁""我喜欢吃什么"的套路做自我介绍。简单的欢迎仪式之后，老师安排了一个游戏环节，请来做客的小动物和幼儿玩耍，要求幼儿边模仿动物边说喜欢吃什么，最后欢送客人。这样的语言教育活动课更像是自然常识课。因为活动的主题为"请进来"，所以设计语言游戏教育活动时，应该重点让幼儿感知并学习接待客人的礼貌用语与礼仪常识，引导幼儿在主客对话的游戏情境中发展、提高语言应用能力。

2. 重视语言游戏情境的创设

在语言游戏中，有趣的游戏名称、幼儿熟悉和喜欢的角色、简单有趣的情节、形象生动的游戏材料等都会使幼儿对语言游戏产生浓厚的兴趣，获得精神的愉悦。所以，在语言教学活动中，要重视语言游戏活动情境的创设。语言游戏情境的创设应巧妙、适宜。教师在组织语言游戏时，要根据语言游戏的目标、内容以及幼儿的语言发展需要和认知程度努力创设巧妙的、适宜的、生动有趣的氛围和情境，以调动幼儿的积极性，引发幼儿参与游戏的兴趣、热情。但是，在语言游戏活动教学中，有些教师忽略情景的创设，或者创设不当，致使语言游戏情境与语言教学内容不能做到有机融合。

例如：明明在摆弄"小兔乖乖"的操作材料，他一会儿开门，一会儿关门，兔子们进出了好几次。他嘀咕了一会儿就不知道该怎么玩下去了。他望了望其他的游戏，就放弃了。

在这个案例中，幼儿简单地摆弄几下操作材料后便不知如何玩下去了，这可能是幼儿经验

不足造成的，也可能是环境的情境性不强造成的。为了让游戏继续下去，激发幼儿潜在的语言能力，教师应及时扮演大灰狼，在屋外唱起兔妈妈回家时唱的歌："小兔子乖乖，把门儿开开。"明明笑了，配合着唱道："不开，不开，我不开……"用语言引导幼儿进入情境。情境化的语言提示让幼儿感受到了游戏的趣味，推动了游戏的进程。教师在进行语言引导时，直接的语言介入可能会对幼儿造成一定的压力，这时不妨运用间接的暗示推动游戏进程。

3. 给予幼儿自主游戏的空间

在幼儿自主游戏阶段，教师应明确自己的角色定位，应从游戏的主宰者转换为游戏的旁观者，不要过多地限制和束缚幼儿，不要怕幼儿出错，更不应该发出指令要求，直接控制幼儿的行为，要学会旁观游戏、学会欣赏。例如，在游戏过程中，教师发现有不遵守规则的情况，应注意尽量避免和减少强行控制、禁止、批评等否定性言行，要多用赞许、鼓励、肯定等激励的指导方式。

例如：三个女孩子走进老师创设好的火锅店主题角色游戏区，各自摆弄了一会儿玩具材料，就开始聊她们周末和爸爸妈妈出去度假的事情。她们越聊越有兴致，一个女孩儿提议说："咱们玩度假的游戏吧。"三人一拍即合，开始在火锅店里搜索玩度假游戏需要的材料。她们各自找来一些吃的东西，又找了几个盘子和碗，简单打包之后，带着到火锅店旁边的一个角落里"度假"。这时老师发现了她们的动向，走过来对她们说："客人现在饿了，想吃涮肉和一些菜，服务员快来接待客人吧。"三个女孩儿不情愿地收起刚准备好的食物，换上服务员和厨师的服装……

教师应该适时、适当、有效地指导语言游戏活动，尽管倡导在语言游戏活动中给予幼儿更多的主动权，但教师的指导也是必不可少的。首先，老师要细心观察幼儿在游戏中的表现，适时对语言游戏活动进行客观准确的指导。其次，老师的指导既要面向全体，又要重视个体差异；既要照顾全体幼儿的兴趣、爱好和现有水平，又要根据每个幼儿的游戏行为和语言运用情况，了解其语言发展水平和存在的问题，因材施教，适当指导。同时注意，不管幼儿在游戏中遇到怎样的困难，有无突出的表现，也不管其语言发展是快是慢，都应给幼儿以肯定、鼓励、支持和信任，以促使幼儿不断进步。

4. 重视游戏形式也关注幼儿内心体验

在语言游戏活动的开展过程中，由于教师对游戏环节的掌控不到位，游戏的形式过于热闹，持续的时间过长等因素，往往导致幼儿对游戏本身的关注，超过了对教学内容的关注，喧宾夺主、本末倒置。如在组织幼儿欣赏儿歌《从小爱祖国》时，设计了一个"有奖竞赛"的游戏环节，比比哪个小朋友能说出更多的"你所知道的祖国"，优胜者将获得小红花、糖果等不同奖励。活动中，幼儿积极举手、主动抢答，很是热闹，但是对儿歌的欣赏、情感的体验等环节却不太重视，也不感兴趣。这种重教学形式、轻教学内涵的教育活动，难以有效熏陶、培养幼儿爱祖国的情感，难以有效达成语言教育目标。

单元六 幼儿语言教学游戏活动

> **课堂小练**
>
> 结合本节课的教学策略，对课堂实战练习进行总结和评价，可以小组互评或者自评，说一说优点和不足，并且提出建设性意见。

案例分享

语言游戏：看谁说得好（大班）

● **游戏目标：**

（1）学习运用已掌握的形容词来描述图片，并编成一句完整的话，注意用词恰当。

（2）认真倾听别人描述，积极参与游戏，掌握游戏规则，培养语言的创造性。

● **游戏准备：**

各种形态的大树、老奶奶、猴子、小弟弟等图片若干套。

● **游戏过程：**

看谁说得好

1. 出示图片，创设游戏情境

教师用生动活泼的语言告诉幼儿："小朋友们，今天老师带来了许多好看的图片，你们想不想得到它们？""现在我们一起玩一个游戏，游戏的名字叫《看谁说得好》，谁说得好，做完游戏后，我就把图片奖给谁。"

2. 介绍游戏规则及玩法

教师出示一张图片（例如小弟弟）问："这是谁？"幼儿回答后再问："这是一个什么样的小弟弟？"要求幼儿用学过的形容词来描述图片内容。例如："小弟弟"可以用胖乎乎的、聪明的、可爱的、淘气的、调皮的、活泼的等词来形容。而后再问："这个可爱的小弟弟在做什么？"要求幼儿根据图片内容说一句完整的话，例如"可爱的小弟弟在玩球"或"调皮的小弟弟在爬桌子"等。

做摸卡片的游戏：让幼儿任意摸一张图片，并根据图片内容编成一句话。如摸到小猴子，可说"聪明的小猴子在荡秋千""调皮的小猴子在翻跟头"，等等。

教师示范讲解游戏的玩法时注意强调游戏的规则，如图片只能任意抽取，不可挑选；说出的句子必须完整，不可以与其他幼儿重复。

3. 教师参与游戏

教师以游戏参与者的身份与全体幼儿进行游戏，帮助幼儿进一步理解和掌握游戏的玩法和规则。

教师引导幼儿游戏，可以让幼儿任意抽一张图片（如老奶奶），说："年迈的老奶奶在晒太阳。"教师引导幼儿的同时，应注意观察、提醒幼儿遵守游戏的规则，注意倾听别人的回答，不重复别人的说法。

4. 幼儿自主游戏

（1）请几名能力较强的幼儿当提问者，幼儿分组开展游戏活动。让幼儿任意摸一张图片，并根据图片编成一句话。如摸到"小猴子"，可说"聪明的小猴子想出了一个好办法"或说"调皮的小猴子在爬树"，等等。说出的句子必须完整，每个人不可以与其他幼儿重复。

（2）教师巡回观察，指导。（应注意倾听别人的回答，不重复别人的说法。）

（3）教师组织幼儿进行讲评，将部分图片奖励给描述恰当、具有创造性的幼儿。

● **游戏评价要素：**

（1）能否认真倾听别人描述，积极参与游戏。

（2）是否运用已掌握的形容词来表述图片。

● **游戏活动建议：**

（1）在幼儿熟悉了游戏玩法和规则之后，可将游戏材料投放在区角中，也可增加更多的图片，让幼儿能够经常练习。

（2）游戏活动可以循序渐进，逐步扩展从词、词组到句子、一段话到一个小故事，等等。

● **活动评析：**

这个语言教学游戏的目标主要是发展幼儿表达能力，同时也要求幼儿认真倾听、创造性地表述，目标具体、明确、全面，难度适合大班幼儿年龄特点。各种图片内容为幼儿的创造性描述提供了前提。教师以和幼儿平等的身份参与游戏活动，并请能力强的幼儿先玩一次游戏，起到了再次示范的作用，为幼儿自主游戏做好充分的准备。采用分组游戏的方式，让每一个幼儿都能积极、主动、充分地参与游戏，使每一个幼儿都能有锻炼的机会，体会与人交往的快乐，培养与人合作的能力。

实践活动

项目一　观摩、评价幼儿语言游戏活动

内容： 交流分享各小组收集的幼儿园语言游戏活动视频，进行介绍和评析。

要求：

（1）可以从网上下载幼儿园优秀语言游戏活动案例，也可自己录制。

（2）说明推荐理由。

（3）重点学习案例的教学组织活动环节，并能利用所学知识对教学活动作出合理评价，指出其优点和不足。

项目二　语言游戏活动的创编

内容：有些小朋友前鼻音和后鼻音分不清楚，请你设计一个语言游戏活动。

要求：包括游戏活动名称、活动目标、活动准备、游戏玩法和规则。

项目三　组织一次幼儿语言游戏活动

内容：设计一个完整的幼儿语言游戏活动的教案，进行模拟教学。

要求：

（1）年龄班级不限。

（2）教案要求有游戏目标、游戏准备、游戏过程和拓展延伸。

（3）教学过程要求有教具或者 PPT 等。

（4）以小组为单位，参加班级竞赛活动，并且进行集体评析。

中班语言游戏《我能大声说得对》

中班语言游戏活动《开超市》

拓展延伸

幼儿教师组织指导幼儿语言游戏应具备的能力素质

陈亚平

以游戏为生活是源于幼儿的人类本性。《幼儿园教育指导纲要（试行）》明确指出："幼儿园教育应以游戏为基本活动。"这充分表明游戏在幼儿的教育活动中占有重要的比重，是发展幼儿想象力、创造力、语言能力的重要手段。语言游戏是以耳听、口说为主的游戏，是幼儿在遵循一定规则基础上的语言信息理解，以及在个体想法表达中体验"欢乐、自由、满足"等感受的过程，它能让幼儿获得语言运用的自主自由感，对语言活动内容和方式的兴趣感，以及对语言以及语言之间相互关系的支配感、胜任感的体验。语言游戏始于幼儿所获取的语言信息，它能促使幼儿通过对语言信息的理解与表达来不断发展语言能力和思维能力。语言游戏有其自身的规律性，幼儿语言的发展也有其自身的规律性，幼儿语言与思维发展是相辅相成的，有着鲜明的特点，这些都要求幼儿教师对幼儿语言游戏进行有效的指导，启发幼儿捕捉语言蕴含的信息，帮助幼儿正确理解和掌握语言信息，促使幼儿思维和语言共同发展、相互促进，鼓励幼儿大胆表达自己的看法，帮助幼儿准确无误地表达自己心中所想，这些都是幼儿教师指导幼儿语言游戏的重点。因此，教师必须加强对语言游戏的指导。要使语言游戏能积极地开展并深入地进行下去，同时有效地培养和发展幼儿多方面的能力，充分发挥语言游戏的教育作用，这就需要幼儿教师具备以下能力。

1. 创设语言环境，促进幼儿语言发展的能力

《幼儿园教育指导纲要（试行）》提出："语言能力是在运用的过程中发展起来的，发展幼儿语言的关键是创设一个能使他们想说、敢说、喜欢说、有机会说并能得到积极应答的环境。"环境是幼儿学习的"第三位老师"，幼儿是在与环境的和谐互动中获得发展的。教师作为环境的创设者，游戏中应善于通过观察和聆听，从幼儿活动的环境中敏锐地捕捉有用的信息，并通过调整和变换环境，将游戏引向纵深。

幼儿教师必须为幼儿创设多种适宜的环境，以利于语言游戏活动的开展。例如，在幼儿园的环境创设里就可以包含适宜的语言环境，以"成语万花筒""童话王国""故事天地"等为主题，进行走廊或者墙面的布置和设计，这些设计使幼儿语言能力能够得到不断的微刺激，日积月累就能使幼儿语言能力得到极大的发展。

再如各个班级都可以根据自己的需要在教室内创设语言区，让幼儿有充分的机会可以在语言区中看一看、玩一玩、说一说。这些由班级主体创设的语言区因其班级差

看一看、玩一玩、说一说

异而各具特色，可以注重幼儿倾听能力的培养，定期播放名家幼儿故事音频，让孩子既感受到故事的乐趣，也体验到播音员讲故事的风格；也可以注重幼儿理解、表达和创编能力的培养，投放包括无字书在内的风格各异的绘本阅读材料。

又如创设家园互动的语言环境。家庭亲子语言环境对幼儿语言能力的提高具有重要的价值，幼儿教师应努力使幼儿园的教育与家庭亲子教育协调起来，幼儿园可以通过开展爸爸妈妈讲故事活动、爸爸妈妈进课堂、读后感展示活动、读书节活动及绘本月活动、语言教育专题讲座、图书漂流等活动，将语言发展的重要价值、语言能力提高的方法和具体指导策略与家长分享，帮助幼儿家长在家庭中营造温馨适宜的语言环境，让幼儿与家长分享幼儿园的点点滴滴，让家庭和幼儿园处在同一个语境中，从而更好地进行家园共育，最终促进幼儿语言能力的发展。

2. 观察、倾听和分析幼儿现有语言水平的能力

观察、倾听、分析是幼儿教师指导幼儿语言游戏的基础，也是教师的准备工作和介入游戏这两者之间的桥梁。幼儿教师通过观察、倾听和分析了解幼儿现有语言水平的能力。

首先，准确把握幼儿所使用的现有的语言材料的水平，语言材料是游戏的主要媒介，不能离开语言材料或将语言作为辅助工具开展游戏活动。

其次，把握幼儿对语言信息的理解与产出的程度水平。幼儿对语言信息的理解包括"对语言信息的知觉分析、高水平的句法、意义加工"等过程；语言信息的产出包括"确定要表达的

思想、将思想换成言语形式、将言语形式表达出来"等阶段。理解和产出语言信息的过程，教师都应做到详细地观察、倾听、记录，以达到对幼儿现有语言水平的准确把握。

最后，把握语言游戏中幼儿之间的关系、幼儿对语言游戏的态度、语言游戏持续的时间、幼儿外部与内心的表现等。教师对幼儿语言游戏的观察和倾听是多方面、多角度、多层次的。教师还要尽可能地把观察和倾听到的东西记录下来，并分析、寻找幼儿的兴趣点、知识领域、经验范畴和思维特点，这样才能更准确地了解幼儿，以采取更好的方法开展语言游戏，促进其语言和思维能力的发展。

3. 与幼儿沟通，鼓励幼儿敢于表达、正确表达的能力

没有沟通，就没有理解，更谈不上教育。幼儿教师的沟通能力是实现心灵交流的教育艺术，是创造彼此新关系的动力。幼儿教师对语言游戏的指导主要体现在鼓励幼儿勇敢表达自己的想法，帮助幼儿准确表达自己的想法，充分发挥他们的积极性、主动性和创造性，使他们有兴致、毫不勉强、努力地在语言游戏过程中学习。

3～6岁是幼儿语言发展的关键时期，这一时期幼儿掌握的词汇数量不断增加，词类范围不断扩大，表达使用句子能力逐渐从

幼儿阅读

混沌一体到精细分化，从简单句到复合句，从陈述句到多种形式的句子，从无修饰句向修饰句过渡，从情境性语言向连贯性语言过渡。因此，这一时期幼儿教师的因势利导就显得尤为重要。

在幼儿语言游戏中，教师要善于使用适当的言语，尽可能地蹲下来与幼儿交流，了解他们的真实兴趣和想法，鼓励他们大胆地表达自己的愿望。引发语言游戏主题时，可利用出示语言材料（包括儿歌、儿童故事、绘本等）、创设游戏情景或直接运用幼儿生活中玩得尽兴的游戏等方式，让幼儿产生想玩游戏的强烈愿望，进而确定游戏主题，同时要帮助幼儿理解语言材料、积极而富有创造性地开展游戏。中断或结束游戏时，应该视游戏开展的情况灵活把握，如果孩子玩得意犹未尽，则可适当延长时间让孩子玩得尽兴，不能强迫孩子中断游戏；如果教师精心设计，而孩子玩的时候显得兴味索然，那么教师也可适当中止游戏，不能强迫孩子继续玩下去。总之，要充分尊重幼儿的意愿，与幼儿达成共识，使幼儿自然、从容、愉快地结束游戏。

4. 指导和随机介入幼儿语言游戏的能力

"发挥幼儿活动的主体性是游戏活动的本质特点"，语言游戏也不例外。在语言游戏中，自主进行言语理解与表达是幼儿主体性的突出表现。因此，幼儿教师的指导和介入要顺应幼儿自主进行言语理解与表达的需要，使幼儿在言语理解与表达中产生愉悦的游戏体验，从而促进

幼儿在愉悦的游戏体验中发展语言能力，进而发展其思维能力。

在语言游戏中，首先，不要按成人的想法和愿望来一厢情愿地设计游戏并指挥幼儿游戏，要充分权衡幼儿的现有语言能力水平，充分考虑幼儿的兴趣和现实需要，给幼儿足够的自主探索的时间、机会、环境，使幼儿作为语言游戏活动主体的自主性、能动性和创造性能够得到充分发挥。其次，营造温馨、舒适、安全的氛围，促使幼儿愉悦的游戏性体验的产生。在组织和指导语言游戏时，对幼儿的奇思妙想甚至奇怪做法、玩法能适当给予支持而不随意批评；对幼儿游戏活动中的困难与错误能宽容对待而不训斥或责骂。

教师介入幼儿语言游戏是以观察游戏为前提，以发挥幼儿游戏的自主性让幼儿成为真正的主人为关键。只有在真实自然的情境中认真观察幼儿游戏，才能了解、把握幼儿在活动中的行为表现，发现游戏中出现的问题，为指导游戏提供可靠翔实的依据。教师介入幼儿游戏是重要的指导方法，但很多教师这方面的能力较弱，把更多的精力放在预防游戏中的纠纷发生，比如在游戏之前给了幼儿很多的规则限制，在游戏中却不知怎样介入游戏，以至于教师的介入干扰了游戏的开展。在幼儿语言游戏中，教师的介入要选择合适的时机，顺应幼儿游戏的意愿和情节，帮助幼儿解决游戏开展中的问题，推动游戏情节的进一步展开，使游戏更好地进行下去。否则将可能出现教师的介入不合时宜，或造成无效介入而被幼儿冷落，或者是负效介入阻碍了游戏的正常开展。比如幼儿正在开展角色扮演的语言游戏，教师的介入，幼儿觉得不需要而不理睬照样开展游戏，或者教师一介入，原来玩得好好的幼儿突然都不玩游戏了，这就需要反思教师介入游戏的时机及方式方法是否适宜。

幼儿教师语言游戏指导能力是一个值得永远探索的命题。幼儿教师应加强对幼儿园语言游戏指导的研究，树立正确的幼儿语言游戏观念，总结和提升幼儿园语言游戏指导的经验，创设适宜的幼儿语言游戏环境，观察、倾听和分析幼儿现有语言水平，加强与幼儿沟通，鼓励幼儿敢于表达、正确表达，有效指导和随机介入幼儿语言游戏，发挥语言游戏应有的价值，最终促进幼儿语言能力的发展。

摘自《时代教育》2015第二期

单元七 幼师资格面试中关于语言活动试讲的准备

学习目标

1. 能够列举幼师资格面试的基本流程。
2. 能够根据面试各环节的考核要点，积极备考。
3. 能够根据面试要求进行模拟无生试讲语言活动的准备、组织和评价，丰富模拟试讲语言活动的经验。
4. 能够以积极、乐观的心态投入教资面试。

任务导入

总任务：教资面试的一次语言活动试讲
- 子任务1. 搜集资料，查找近5年语言活动的面试题，准备试题库
- 子任务2. 熟悉试题库中的试题，小组分工准备活动设计
- 子任务3. 对试题的活动设计进行研讨、修改
- 子任务4. 语言活动课的模拟面试活动

基本知识

教师资格证考试，是由教育部考试中心官方设定的考试，是提升教师准入门槛、保证师资质量的重要举措。随着教育部《中小学教师资格考试暂行办法》《中小学教师资格定期注册暂行办法》等通知的颁布，我国对自2015年及之后入学的学生实施教师资格全国统考措施、并实行定期注册制度，打破教师资格终身制。

教师资格证考试分为笔试和面试两个步骤，对于师范类考生来说，他们在理论学习和考试方面有较好的优势，但是，在实践教学能力方面尚存在较大的不足。这在一定程度上限制了学生在教师资格证面试中的过关率。本单元以教资面试为线索，重点阐述关于幼儿语言活动的面试准备与面试技巧，希望能帮助应试者提高面试通过率。

一、幼师资格证面试基本流程

熟悉面试考试的基本流程及考核要点，才能做到"知己知彼，百战不殆"。

①应考前提：笔试通过且在有效期内者方能参加面试。

②考试时间：面试一般在每年5月和12月各举行一次，考试具体日期会在考前由教育部公布。

③考试内容："面试主要考查申请人的职业认知、心理素质、仪表仪态、言语表达、思维品质等教师基本素养和教学设计、教学实施、教学评价等教学基本技能。"

面试各部分所占的分值权重表

职业认知	心理素质	仪表仪态	言语表达	思维品质	教学设计	教学实施	教学评价
10%	10%	10%	10%	15%	10%	25%	10%

这八个方面的考核是对考生教育教学实践能力的综合考察，具体表现为三个部分的考核：
两个规定性问题回答 + 无生试讲 + 试讲答辩（一到两个针对授课的问题）

幼儿园的教师资格面试不分科目，但主要考核内容还是围绕幼儿园五大领域活动即健康、科学、社会、语言、艺术的教学设计与组织展开。

④考试方式：面试采取结构化面试、情境模拟等方式，通过抽题、备课（活动设计）、回答规定问题、试讲（演示）、答辩（陈述）、评分等环节进行。

在整个面试过程中，都要统一使用教育部考试中心的"面试测评系统"，每位考生的总时间均为40分钟：前20分钟为准备时间，考生须在指定地点抽题备课；后20分钟为正式面试时间，考生须到指定考场接受面试。

其中，两个规定问题回答5分钟、无生试讲10分钟、试讲答辩5分钟，各部分时间不累加使用。

二、教资结构化及备考

两个规定性问题又称为教资的结构化面试,这是教师资格面试过程中的第一环节,一般为5分钟回答两题,主要考查应试者的职业道德认知、心理素质、言语表达与沟通能力等知识体系以及问题处理能力。因此,更需要应试者将自身所学知识或关于幼教有关知识经验以逻辑、条理化的形式呈现在考官面前,用语言展现给考官。

那么结构化如何备考呢?

在幼儿园结构化面试中,主要考察的内容有两类,认知类和实践类。认知类包括个人认知、职业认知、教育观点、时政热点等;实践类主要有保育类、教育类、应急应变类、人际交往类以及活动组织类。例如:

问题:

彤彤在青青面前炫耀自己的新衣服,青青看着自己的旧衣服,难过地哭了,你怎么办?

分析本题

考核目标: 思维品质,言语表达

评分说明: 重点考核分析问题、口头表述能力

良好: 分析问题全面深入,表达清晰流畅。

一般: 分析问题较全面,表达较流畅。

较差: 分析问题片面,表达不流畅。

结构化一般没有标准的答案，要点即为作为一个幼儿园教师的角度，向考官阐述自己的理解或者做法。考官会根据应试者的回答看出是否适合从事教师岗位。

建议考生做如下准备：

第一，考前认真准备，及时了解国家时政和幼儿园常见的矛盾情境问题，熟悉各种题型，缓解焦虑。

第二，考试认真听题，听完题可以直接作答，也可以跟考官说"老师，我思考一下再作答"，把握好答题时间即可；关键不要出现答非所问的情况，如果没有听清楚题，可以请考官再重复一遍。

第三，对于实践类问题，要先明确问题，再分析问题，最后提出解决问题的策略，这样，层层深入，逻辑清晰，才能脱颖而出。

第四，调整心态，一旦出现失误，不要慌张，因为此题分值不高，一般不会影响大局。

三、无生试讲及备考

试讲(展示)部分是幼儿教师资格面试过程中的第二个环节，在整个考试的过程中具有至关重要的作用。

无生试讲实际上就是无生授课，它是对考生职业认知、心理素质、仪表仪态、言语表达、思维品质、教学设计、教学实施、教学评价等的面试，牵涉到的八个方面能力的综合考验环节。其中，和教学的设计与组织直接相关的教学设计10%、教学实施25%、教学评价10%三个方面的能力分值共占总分值的45%。

无生试讲按照幼儿学习活动的范畴可以划分为健康、语言、社会、科学、艺术五个领域，从讲故事、儿歌、游戏、弹唱、绘画、手工等技能角度进行测查。本部分重点讲述语言活动领域的试讲，有些技巧和其他领域也有相通的地方，希望给应试者以启发。

1. 衣着大方，举止得体

幼儿教师资格面试，选拔的是合适的幼儿教师人选，所以参加面试的应试者要特别注意自己的穿着打扮，要符合行业要求，切忌浓妆艳抹、穿金戴银、服饰夸张等。一般遵循幼儿园的园服要求即可，例如宽松的运动装、运动裤裙等，方便试讲活动时可能出现的下蹲、跳跃等动作。可以化雅致的淡妆，长发的女生建议吊高辫，塑造青春、活泼、靓丽的形象；男生也建议以幼儿园园服为标准，运动服饰即可，方便试讲过程中做示范动作。

试讲开始，面试考官一般会提醒应试者"考生，请开始试讲"；也可以在结构化面试结束之后，应试者自己提出"下面开始我的试讲！"从面试开始，考生尽量保持微笑，目光注视考官，进行眼神的交流；如果内心胆怯，可以看考官的两眉，尽量保持目光的交流，避免眼神游离，四处乱晃。

单元七　幼师资格面试中关于语言活动试讲的准备

2. 认真选题，认真审题

面试抽签会随机抽取两个试讲题目，应试者可以根据自己的优势进行选择，选择自己擅长的领域，尽量在试讲中发挥自己的特长优势，让评委感觉眼前一亮。

选好试讲题目以后，一定要认真审题，看清考试的内容和基本要求。很多考生认为第二个环节一定是试讲课程内容，这是个错误的认知，有的时候，试讲只是要求讲一个故事。例如：

1. 题目：故事《彩虹色的花》

2. 内容：

（1）模拟给幼儿讲故事。

（2）回答问题。

彩虹色的花

积雪的原野上开着一朵花！"早安，你是谁？"太阳问……"你好，彩虹色的花！"

3. 基本要求：

（1）模拟给幼儿讲故事。

①有幼儿意识，表现出正在给幼儿讲故事；

②普通话标准，口齿清楚，语速适宜，有感染力。

（2）回答问题。

在讲故事过程中，你认为中班儿幼儿最容易兴奋和难以理解的内容，分别是什么？为什么？

（3）请在10分钟内完成上述任务。

分析此活动的主要考核目标是考核考生讲故事的技能技巧和了解幼儿、语言沟通等能力。应试者重点讲述故事，然后回答问题即可。

而另外一个题目，则需要展示整个教学活动的过程，可以边讲故事，边绘画，边提问。

1. 题目：故事配画《小雨点的歌》

2. 内容：

（1）为故事配插图。

（2）回答问题。

小雨点的歌

"滴答、滴答"小雨点开始唱歌了！大嘴巴小青蛙来了……

3. 基本要求：

（1）为故事配插图。

插图符合故事情节，造型生动，富有童趣，便于幼儿理解。

（2）回答问题。

利用故事和作品，能带领3～4岁幼儿开展什么活动？

（3）请在10分钟内完成上述任务。

分析此活动的主要考核目标：考生绘画的基本技能；作品符合故事内容，构图合理，富有童趣，有创意。活动过程中，可以引导幼儿开展看图讲述活动。

3. 无生试讲不是说课

面试的形式是无生试讲，这是一种模拟课堂情景下开展的教学活动。虽然没有幼儿参与，但也是教学活动，不是说课活动，一定要区别无生课堂与说课，二者的不同有以下几点：

①**面向的对象不同。**

说课面向同行、专家，知识层面高。无生试讲对象仍然是学生，只不过由于现场没有学生，需要通过动作和语言进行虚拟和模拟。无生课堂上要充分发挥各方技能，要充分利用好语言、动作，提高无生课堂的气氛是关键。

②**处理方式不同。**

说课是指教师针对具体的课题或某一观点、问题，面对同行或教研人员，将自己对具体课程内容的理解、教学设计、教学过程、教学内容及其理论依据用简要的语言表达出来的过程。简单地说，教师需要说清楚本次教学"教什么——怎么教——为什么这样教;学什么——怎么学——为什么这样学"的教学思路。

"无生试讲"的重点是"如何改进教"。无生上课主要通过现场模拟课堂教学实践，以体现教学设计思想与教学技艺，它是一种模拟课堂的情景下展开的教学活动，许多问题要自问自答，重难点的揭示穿插在课堂中。

4. 满足无声试讲的要求

无生试讲的要求和平时上课没有多少区别，主要体现在教师的教学机智、教学经验、教学态度、教学语言、教学技能与基本能力、领域素养、创新意识等方面，只不过是没有学生。一般考评时以下几个观测点是比较重要的。

单元七 幼师资格面试中关于语言活动试讲的准备

①用普通话教学，语言规范简洁，生动形象、通俗流畅，讲授准确无误。
②教态亲切、仪表端庄、自然大方、不可矫情。
③运用直观教具和多媒体辅助教学，并使用得熟练、恰当、灵活、巧妙。
④有教学机智，应变和调控课堂能力强。
⑤有深厚的文化底蕴和长期读书的习惯。
⑥重在展示基本功，即实践能力。讲授生动，吸引力强。
⑦课堂结构安排和设计合理，条理清晰，详略得当。
⑧知识系统性、逻辑性强，融会贯通，理论联系实际。
⑨内容饱满充实，有深度。
⑩注重教学互动，适时调整结构。
⑪注重启发式，鼓励幼儿思考，培养学习能力。
⑫教学态度认真，遵守教学规律，严谨治学，一丝不苟。

5. 无声试讲幼儿语言活动时的技巧

①语言表达的技巧。

作为一名幼儿教师，语言一定要有示范性，普通话要标准，不要出现方言俚语；此外，语言要生动，讲故事适当夸张，根据故事情节加入适当的动作和表情，这样才有吸引力；语言严禁平淡，注意声调的起伏变化，富有激情和感染力；此外，语速不要太快，试讲是模拟给幼儿讲课，不是给面试官讲课，所以要考虑幼儿的理解和接受能力。有的应试者着急把课上完，草草完成教学任务，只会给自己留下遗憾。最后，语言流畅、生动、真实，具有平和之美、优雅之韵，才能给面试官留下好印象。

②自说自话的技巧。

很多应试者在较短时间内，由于备课不充分，专业知识相对短缺，心情焦虑，匆忙应对，导致上课思路不清、目标不准，处于游离状态，只顾完成教学任务，眼中没有学生。

为了突出"学生主体"地位，无生试讲特别强调教师与学生的互动行为，因此，要强调模拟课堂情景下的"自问自答"。例如：教师提问："哪个小朋友说一说，你在画面中看到了什么呢？"然后再自己回答："哦，明明小朋友说看到了小松鼠在给小白兔打电话呢，还看到了外面的桃花开了，明明小朋友观察的可真仔细。"教师要预设学生的答案，还要有对学生预设答案评价，营造良好的课堂气氛。

③多媒体的使用技巧。

面试没有制作课件或使用多媒体的条件，但是，作为应试者要有将多媒体技术应用于教学的理念，虽然无生课堂不能真正使用，但可以说"小朋友们，我们一起看大屏幕……"，然后指向大屏幕，示意有这种教学手段。

语言活动中，也可以用多媒体的儿歌导入、播放故事的视频、教学活动需要的图片、音乐等等。

④师幼互动的技巧。

师幼互动问题处理的是否恰当，能够评测出应试者对幼儿的了解、对教学内容的理解、对课堂的组织等多方面的知识与能力。因此，如何做好师幼互动的环节也成为无生课堂的关键。因为是没有学生备课的课堂环境，因此，师幼互动的环节，就是应试者"导演"的一场戏，这场戏的"剧本"是唱好这场戏的前提，写好剧本先从"备课"做起：

第一，备幼儿。应试者要时刻谨记：幼儿是活动的主人。要尝试站在幼儿的角度考虑问题，熟悉幼儿语言活动的年龄阶段目标及学习特征。考虑教学目标是否合适，考虑教学过程中幼儿可能会回答什么，容易出现什么错误。

第二，备教材。明确教学目标，分清让幼儿掌握知识的三个不同要求：了解、理解、运用；然后，找出在活动中要解决哪些重点、难点，需要设计哪些有价值的问题。

第三，备教法。备过程与方法解决的是"怎样教"的问题，这最能体现教师的功底，教学方法适宜有趣，能调动幼儿兴趣。语言活动的试讲常用的教法是"角色表演"，此活动可以假设教师已经准备了表演活动的头饰，以激发幼儿的参与兴趣。

第四，备学法。备学法解决的是"幼儿怎么学"的问题。需要思考的是，幼儿如何在教师的引领下，把"要我学"变成"我要学"。

第五，备教具。学具要实用、够用、新颖，能有效地辅助教学，可以进行虚拟教具的活动。

写好剧本以后，就要看演员的表演了，好的演员可以拯救"烂剧本"。"心中有目标、眼中有孩子"是应试者表演的出发点。前文已经提到教师要"自问自答"，教师要多预设一些幼儿的答案，再由自己代替幼儿回答，预设幼儿学习反馈的典型错误引导进一步探索，及时反馈，再做出中肯的评价。评价要具体，多用可描述性的语言，少用判断式的词语："真棒！好！真聪明！"等等。

⑤扬长避短的技巧。

应试者要扬长避短，展示自己靓丽的一面，如：要创设新颖的教学情境，精心设计导语，引起评委的兴趣。例如，有绘画优势的应试者，可以在课前准备简笔画的教具或在课上恰当运用黑板画辅助教学，引发面试官的好评。

⑥肢体语言的技巧。

目光、表情、手势、姿态等势态语言的恰当运用，能起到较好的效果，如弯腰对幼儿讲话、表情亲切地询问、对幼儿竖大拇指的赞美等；但不能手舞足蹈，太过张扬，要做到合情、合理、适度，不能给人矫揉造作、不真切的感觉。

⑦随机应变的技巧。

模拟试讲时间一般为10分钟。由于没有幼儿，因此进度会快一些，要把握好进度，无论是问题设计、教学过渡，都不断地进行启发铺垫，层层推进，但不能过于纠缠，以防节外生枝，弄巧成拙。一般只要内容（重点内容）基本完成，即使出现一些小失误，及时补救，也不会对结果有太大影响，整体不会扣分太多。

四、试讲答辩及备考

试讲答辩是面试的最后一个环节，放在考生无生试讲之后。面试官主要是针对考生教案设计和组织提出一到两个问题，当然也有些关于幼儿园专业知识类、工作实践类和基本信息类的题目。有些问题会在试卷中提前出现，例如前文故事配画《小雨点的歌》中，问题为"利用故事和作品，能带领3~4岁幼儿开展什么活动？"

应试者在此环节中，首先对试卷上的问题要提前准备，如果出现随机问题，结合自己的实践经验，分析解决问题，简单阐述即可。

最后，希望应试者以积极、乐观的心态备考。首先，幼师资格证面试的机会不止一次。因为幼师资格证笔试成绩有效期为2年，一般一年有1~2次的面试机会，所以最高有4次面试机会，最少也有2次面试机会。一般来说，教师资格证面试考试一年有2次机会，部分地区一年只有一次面试机会。所以，即使考试失利，也还有机会，不要过于紧张。第二，应试者可以将教资的面试考试作为检测自己知识能力水平的一个机会，以平和心态应考，提前复习，认真准备，积极应考。

总之，面试对应试者的实践能力提出了更高的要求，应试者如果在平时积极参与实践活动的学习，丰富实践教育教学经验，面试过程中必能从容应对！还希望应试者能够不忘初心，将考取"幼儿教师资格证"作为职业生涯的起点，牢记使命，竭尽全力做好幼儿教育教学工作，开启新征程，谱写新篇章，为实现伟大复兴的中国梦不懈奋斗！

案例分享

案例一　幼儿教资面试：试讲+答辩小技巧

试讲又叫模拟课堂，是在有限的时间内，教师通过口语、形体语言和各种教学技巧与组织形式的展示而进行的一种教学形式，考察的是教师的综合能力。试讲(展示)部分是幼儿教师资格面试过程中的第二个环节，在整个考试的过程中起到了至关重要的作用，按照幼儿学习活动的范畴相对划分为健康、语言、社会、科学、艺术五个领域，从讲故事、儿歌、游戏、弹唱、绘画、手工等技能角度进行测查。

考生在抽题后一般有二十分钟进行备课，之后进行十分钟的试讲，考官主要看的就是你的教学设计是否合理，试讲过程中的技能技巧以及临场的表现力等。

首先关于教学设计，抽到的题本一般包括题目、内容和基本要求三个部分，如何设计更科学合理呢？

（1）定位年龄班，达成基本要求；

（2）内容由浅入深，层层递进，环环相扣；

（3）突出不同领域活动的特色。

经典例题：

1. 题目：故事《龟兔赛跑》

2. 内容：（故事内容略）

3. 基本要求：

（1）模拟对幼儿提两个问题。

（2）请在10分钟内完成上述任务。

题目解析：

第一步可以根据故事难易程度确定年龄班，之后结合基本要求设计活动目标。目标可以从三维目标入手，在目标的指引下就可以开始设计活动过程。活动过程一般情况包括导入、展开和结束，其中导入好比开胃小菜，要短小有趣；展开部分就像正餐，应量大味美；而结束部分就像饭后甜点，是点睛之笔。活动过程思路可以这样设计：

活动过程：

1. 活动导入——情境导入

2. 活动展开

①教师分段讲述故事，引导幼儿了解故事内容。

②教师带领幼儿根据图片复述故事，理解故事的寓意。

③教师引导幼儿分组，引导幼儿组内续编故事后续的发展进行分享。

3. 活动结束——总结结束

首先，关于试讲过程中的表现力和技能技巧。一个优秀的试讲是对过程中各个环节的细节进行打磨，如：提问要减少"对不对?是不是?"等无效提问，运用启发式提问。提问时要注意自己的教资教态，包括请幼儿的手势、弯腰亲近幼儿、微笑、对幼儿回答的转述以及对幼儿回答给予即时具体的鼓励和肯定，这些细节都是通过一遍一遍地演练和纠正得到改进的。

其次，我们还要能明确自身的优势，尽可能地在试讲过程中自然地展示出自身的优势。例如，如何巧妙地在试讲的环节中穿插绘画技能展示、手工技能展示、钢琴技能展示等，都是有对应的方法的。

在教师资格面试的最后环节时答辩，考官主要针对面试试讲内容进行随即问答，题目数量不定，通常为两道左右。考查题型整体上可以分为三大类：教学活动设计类、试讲表现类、综合类。答辩的关键在于"紧扣问题——直接作答""知与不知，灵活应对"。

单元七 幼师资格面试中关于语言活动试讲的准备

● **经典例题：**

请你说一下本次活动的目标，以及你是如何实现你的目标（故事活动：龟兔赛跑）

考官您好，在本次活动中，我从情感、认知与技能三个维度来进行目标的制定。情感目标：喜欢倾听故事《龟兔赛跑》，体验与同伴一起进行故事表演的乐趣。认知目标：知道《龟兔赛跑》的主要故事情节，明白做事情要认真坚持的道理。技能目标：能够根据图片的提示，用自己的语言复述主要的故事情节。

在活动过程中，首先，我通过出示故事挂图，并结合图片进行提问，引导幼儿尝试用自己的语言描述图片内容以及讲述主要故事情节。通过这个环节，实现了技能目标；其次，在幼儿复述故事情节之后，我针对故事内容提出了启发式的提问：小乌龟是怎么赢得比赛的？通过这样的提问，引导幼儿感知做事情要认真坚持的道理，从而实现我的认知目标；最后，我采用组织幼儿进行角色表演的方式，引导幼儿选择自己喜欢的角色进行表演，与同伴进行合作，体验游戏表演的乐趣，从而实现了我的情感目标。

● **总结：**

在遇到此类题目时没有固定答案，但却有一定的技巧，这类关于试讲内容方面的问题处理好了，还有利于对前面试讲表现失常进行灵活补救。

案例二 幼儿教资面试试讲题目：小老鼠，上灯台

题目：儿歌《小老鼠，上灯台》

内容：

《小老鼠，上灯台》

小老鼠，上灯台，
偷油吃，下不来。
喵喵喵，猫咪来，
叽里咕噜滚下来。

要求：

（1）完整讲述儿歌，并且教会幼儿。

教师用富有童趣的语言朗读儿歌，朗读要求富有节奏感，普通话标准，口齿清楚，语速适宜，有感染力，有幼儿意识，引导幼儿学会朗读儿歌。

（2）引导3~4岁幼儿为儿歌创编动作，并学习"喵喵喵""叽哩咕噜"等拟声词。

（3）请在10分钟内完成上述任务。

163

● **情景导入：**

（1）教师拿着小猫的手偶，模仿小猫的语气说话"喵——，小朋友们，我正在抓一只小老鼠，你们知道它去哪儿了吗？"

（2）小朋友们回答并猜测小老鼠去哪里了。

（3）教师出示PPT画面，引导幼儿观察画面"小老鼠去哪里了呢？""它在干什么呢？"引出"小老鼠，上灯台"的儿歌。

● **基本部分：**

1. 教师请幼儿看手偶表演，学念儿歌

（1）教师边讲述儿歌情节，边演示图片，帮助幼儿理解儿歌。

（2）教师利用手偶为幼儿完整地念一遍儿歌。注意引导幼儿学习"喵喵喵""叽哩咕噜"等拟声词。

（3）教师表演，幼儿跟教师一起念儿歌、学儿歌。

2. 引导幼儿在念儿歌的同时自己做动作

（1）请小朋友说说，刚才老师表演的这个节目里有谁？（小老鼠）

（2）看清楚，小老鼠它在干什么呀？（上灯台，偷油吃）

（3）请小朋友模仿一下小老鼠是怎么爬上灯台的？又是怎么偷油吃的呢？

（4）小老鼠，来到这么高的灯台上，偷了油吃后它怎么啦？
（下不来）

（5）最后，小老鼠是怎么下来的？（滚下来）谁能给大家做一下"滚下来"的动作，我们一起来学一下。（请幼儿边做动作边学念：叽里咕噜滚下来）

3. 教师引导幼儿边念儿歌边做动作

（1）教师念到"小老鼠，上灯台，偷油吃，下不来"时，两手捏拢指尖，放在胸前，模仿小老鼠向上爬的动作。

（2）"偷油吃"时，双手配合往嘴的方向扇风，做吃的动作。

（3）"下不来"时，做摆手的动作。

（4）"喵喵喵，猫来了"时，伸出三指在脸部做小猫胡须动作。

（5）"叽里咕噜滚下来"时，两手放在胸前从上向下做绕拳动作，同时身体下蹲。

4. 幼儿自由练习动作，感受其中的乐趣

（1）鼓励幼儿随音乐自由地做模仿动作。

（2）指导幼儿尝试着两人或三人结伴进行表演。

164

单元七　幼师资格面试中关于语言活动试讲的准备

● **活动结束：**

教师和幼儿一起完整表演儿歌，感受表演的乐趣。

（1）幼儿扮老鼠，教师扮猫一起表演。

（2）幼儿自由选择扮老鼠或猫进行表演。

● **活动延伸：**

家园共育延伸，请小朋友们回家后把儿歌内容分享给爸爸妈妈。

实践活动

项目一　搜集整理幼师资格证的语言活动面试真题

内容：近5年内幼儿教师资格证面试的试讲真题，仅限于语言类活动。

要求：

（1）每个组提交2个真题，不能雷同；

（2）讲师将各组提交的试题汇入真题库，通过数据平台发给学生复习，方便学生复习备考。

项目二　幼师资格面试的试讲模拟活动

内容：从真题库中抽两个试题，选择其一进行模拟试讲。

要求：

（1）准备试题、抽签条、考场教室、备考教室等。

（2）面试考官：幼儿园专家、任课教师、教资已过的学生，共三人。建议考官打分分配如下幼儿园专家45%、任课教师45%、教资已过的学生10%。

（3）考试的评分表、考生考试顺序。

（4）组织考试志愿者若干，志愿者活动包括抽签、算分、叫号、收评分表、照相等，保障考试有序进行。

拓展延伸

教资结构化——往年试题示范解析

第一题：

幼儿一开始不喜欢去幼儿园，作为老师，你怎么做？

● **答题要点：**

（1）明确问题。

幼儿不愿意入幼儿园主要是长期和父母在一起，突然分开容易产生依恋障碍，同时对于陌生的环境，其心理受到一定的冲击，分离焦虑随之产生，往往表现为不喜欢去幼儿园，甚至会出现哭闹、身体不适、逃避、紧张、恐慌和采取能使其获得安全的行为。对于这种情况，我会通过不断的观察、分析、研究、提出对策，了解每个孩子的特点，对每个孩子采取不同的措施，帮助不同的幼儿尽早地摆脱分离焦虑。

（2）解决措施。

首先，争取家长的配合，做好与家长的沟通。请家长帮忙，在家里做一些幼儿的思想工作，让幼儿喜欢上幼儿园，爱上幼儿园。不要让孩子觉得上幼儿园就意味着离开了依恋对象，或者是上幼儿园是对自己的一种惩罚等。同时，将幼儿的生活作息尽量地和幼儿园的一日生活作息时间相吻合。另外，要了解每个家庭及其幼儿的特殊之处，比如孩子的性格特点、喜好、家庭教养方式等。

其次，在幼儿园开展亲子活动，与家长一起帮助幼儿减少陌生感。邀请家长与幼儿一起参与幼儿园活动，体验幼儿园生活。在活动过程中，我会积极引导幼儿与父母参加各种室内外活动，体验集体生活的乐趣，通过这些活动有助于孩子熟悉幼儿园的环境，适应幼儿园的生活规律，培养幼儿的独立性，激发幼儿的入园愿望，这样能够有效地减少幼儿的分离焦虑，使他们愉快地开始幼儿园生活。

最后，努力创设温馨舒适的班级环境。为了让幼儿有"家"的感觉，我会对班级的环境进行改造、布置，尽可能地创造一个温馨舒适的班级环境，如在班级中布置娃娃家，布置"我爱我家"的宣传栏，摆放电话以及各种各样幼儿喜爱的玩具，这样在幼儿来园时，会对班级环境有种亲切感，有利于减轻幼儿的焦虑与不安。

第二题：
孩子偏食、不吃点心，您如何处理？

● **答题要点：**

（1）综合概述。

考官您好！孩子因为身体不适、消化力弱、食欲不振而挑食，这属于正常现象，家长无须过虑，只要注意在孩子病好后及时恢复正常的饮食习惯即可。

（2）具体阐述。

作为老师首先有责任和义务协助并帮助家长改变孩子偏食、不吃点心的坏习惯，与家长及时沟通，培养孩子良好的饮食习惯，而不对孩子过于迁就与放任。

再者，就是家长要注意自己的言行，尤其是在饮食方面，避免有意无意地在孩子面前表现出对某种食物的偏好。同时，家长可能因为对孩子的身体过于关注，采取一些强硬措施，强迫孩子进食某些营养食品，从而引起孩子对这些食物的反感。

作为一名教师，教师要做出榜样，大口大口、香甜地吃下去，带动孩子也来吃。讲科学道理，让孩子懂得偏食的坏处。例如，对孩子说："毛毛要长得高高的，吃一口菜！""丹丹要长得又聪明又美丽，好，吃一块胡萝卜和一块鱼！"让孩子把吃什么和聪明、健康、可爱联系在一起。控制零食，孩子饿了，可以吃点水果。

多让孩子在户外活动，多活动会增加热量消耗，加快饥饿感和食欲，可减少偏食。同时，还可以建议学校幼儿伙食。经常改变食物的烹调加工方式，使食物色、香、味俱全；培养孩子良好的饮食习惯，遇到不喜欢吃的饭菜，可让他试着吃，要慢慢适应，但不要强迫他吃，以免造成逆反心理。

（3）点题升华。

要纠正孩子偏食、挑食的习惯，不能操之过急，更不能用哄骗打骂的强制手段，这样会引起孩子的逆反心理，就更难纠正。谢谢考官，以上是我对这个问题的全部回答。

第三题：
小孩孤僻不爱说话，一个老师说不用管他，不会闹事就行，你赞同吗？

● **答题要点：**

（1）综合概述。

考官您好！我不赞同。这是非常不负责任的行为。作为一名幼儿老师，要对班级上的所有幼儿负责，公平对待每一位幼儿。这样做严重违背了"平等对待每一位幼儿"的职业理念。

（2）具体阐述。

首先，每个幼儿都具有个体差异性，我们要针对不同幼儿采取不同的教育手段和方法。

其次，小孩孤僻不爱说话，教师要更加关注其身心发展，仔细观察幼儿的表现，如果是伴随重复动作加上言语不清，要考虑自闭症的可能并请专门的心理医生诊断。如果发现幼儿只是不喜说话，不擅表达或交流，教师要着重引导，引导他和其他幼儿多接触，多参与到集体游戏中，享受和同伴相处的快乐，发展其社会性，改变孤僻的性格。

最后，教师需要时常和家长进行沟通，确保教育合力最大化。

（3）点题升华。

①教师要树立正确的教育观和儿童观。
②教师要不断提高自身的职业素养，对不同的幼儿能够有针对性地给予指导和帮助。
③教师要多和家长进行沟通，了解其真实的情况，教师和家长共同努力。

第四题：

班里有个孩子常常出现打其他小朋友的行为，作为教师，你怎么办？

答题要点：

（1）综合概述。

攻击性行为会造成幼儿之间的矛盾、冲突，不利于形成良好的人际关系。作为一名幼儿教师，我要对幼儿的攻击性行为及时干预、矫治。

（2）具体阐述。

对这名幼儿存在的问题进行深入了解，通过与他的家人进行沟通，找到他存在攻击性行为的主要原因，然后采取措施加以引导。

①改善幼儿生活的环境，多给幼儿提供生活中正面的积极榜样。

②提高幼儿的社会认知水平。通过创设情境游戏，让这些攻击性行为较多的幼儿分别扮演不同的角色，体验到不同的想法，从而提高其意图知觉水平。在情境游戏中组织幼儿讨论，适当引领，有助于幼儿更全面准确地解读不同情境中人们可能的想法。帮助幼儿意识到攻击性行为的后果。

③培养幼儿的交往技能和自控能力。采用行为训练法、认知训练法和情感训练法来培养儿童的交往技能。通过讨论、游戏体验等多种方式，培养幼儿的情绪调节和自我控制能力，及时疏导并教给幼儿情绪调节和自我控制的方法。

（3）点题升华。

要及时通过各项措施对幼儿的攻击性行为进行矫治。当幼儿出现攻击性行为时，父母或教师不加制止或听之任之，就等于强化了幼儿的侵犯行为。所以要及时制止和正确引导。

第五题：

试述学前阶段应培养幼儿哪些基本能力？

答题要点：

（1）综合概述。

人的能力是在生理素质基础之上，经过教育、培养，并在实践中吸取集体的智慧和经验形成和发展起来的。因此，应该从小就教育和培养孩子具备一定适合其年龄特点的本领，为其今后学习知识技能并拥有更多的能力打好基础。

（2）具体阐述。

由于孩子们的先天素质不同、家庭环境不同、所受教育不同，所以，同龄的孩子会存在很大差异。幼儿期应具备的能力，大致有以下几点：

①生活自理能力。这是一个人生存中最基本的能力，也叫幼儿的自我服务能力。就是幼儿

要学会自己料理自己的事，也是学习最简单的劳动能力的开始。3岁前就要学会自己盥洗、进餐，穿脱衣服、鞋、袜，整理自己衣物和床铺，稍大些还能自己洗手绢、袜子等，培养卫生习惯；到幼儿晚期学会自己冲澡、钉纽扣、整理房间等。

②认知能力。人的认知能力即认识判断事物的能力，也就是智力活动能力，包括观察力、注意力、记忆力、想象力和思维能力。

③语言表达能力。3岁以后幼儿言语发展很快，活动范围较前扩大，与人交往机会增多，语言也随之发展，此时基本能用语言表达自己的意思，并能比较恰当地运用一些词句。幼儿4~5岁时，词汇量增加很快，词类也有所增加，幼儿在掌握名词、动词的基础上，还学会了一些形容词和副词，还有数词、连接词等。愿意在交谈中运用这些词，但语言连贯性较差。到幼儿晚期，掌握了词汇，并学会了句型，一般都能连贯完整地表达自己的意思，并且能清楚地表达出来，但有时由于对词义不够确切，表达的意思也就不够准确。此时，口语已经成为幼儿的一种有效的交际工具。幼儿的口语表达能力的发展，有助于积极应用词汇。幼儿多与人交谈还有助于锻炼思维的敏捷性并能发展思维的灵活性和逻辑性，为幼儿以后学习语言打好基础。

④自我保护能力。为幼儿进入小学做好准备，学会在没有成人照顾的情况下，注意自己的安全。如不在马路上玩耍，要走人行便道，过马路要走人行横道，不把小扣子和其他小东西放在嘴、鼻、耳里，不玩小棍和树枝，正确使用剪刀，不坐窗台，不爬树和墙头，不玩火，不摆弄电器，在公共场所不离开成人乱跑，不自己到河边玩等。

⑤社会交往能力。社会交往不仅是幼儿生长发育和个性发展的需要，也是个体社会化的过程。幼儿在与伙伴交往中，了解人与人之间、人与社会之间的关系。幼儿在交往中可以克服任性、以自我为中心等不利于社会交往的行为，使交往关系不断复杂、深化，为促进个体社会化，发展社会适应能力打好基础。

（3）点题升华。

能力是在学习和实践中逐渐形成的认识事物和进行活动的本领，是完成一定任务的主观条件。

参考文献

［1］姜晓燕，郭咏梅．学前儿童语言教育［M］．北京：高等教育出版社，2016．

［2］卢伟．学前儿童语言教育活动指导［M］．上海：复旦大学出版社，2016．

［3］熊丽娟．家园共育视野下幼儿早期阅读能力的培养［J］．内蒙古师范大学学报，2015（2）．

［4］李丽华．3岁～6岁幼儿亲子阅读策略［J］．教育导刊，2012（6）．

［5］郑健成．学前教育学［M］．上海：复旦大学出版社，2016．

［6］钱峰，汪乃铭．学前心理学［M］．上海：复旦大学出版社，2016．

［7］杨文尧．幼儿园活动设计与实践［M］．北京：高等教育出版社，2010．

［8］王喜耘．幼儿语言教育存在的问题与对策［J］．基础教育，2012（8）．

［9］姚莉．浅谈对幼儿语言讲述能力的培养［M］．新课程（小学），2013．

［10］杨荣辉．幼儿语言教育活动设计与指导［M］．北京：中国劳动社会保障出版社，2009．

［11］黄丽华．绵阳市幼儿园语言游戏活动开展现状与对策分析［J］．当代教育理论与实践，2014．

［12］陈亚平．幼儿教师组织指导幼儿语言游戏应具备的能力素质［J］．时代教育，2015（2）．

［13］张加容，卢伟．学前儿童语言教育活动指导（第三版）［M］．上海：复旦大学出版社，2016．

［14］袁飞飞，包根胜．幼师资格证面试培训融入学前专业课堂教学的途径辽［J］．宁科技学院学报，2018（20）．

［15］王春燕，戏娜，杜文婧．自主性游戏中教师指导的行动研究——以西安市H幼儿园为个案［J］．陕西学前师范学院学报，2018，（11）．

［16］刘艳梅．如何培养会讲故事的幼师——幼师生讲故事技能的培训方略分享［J］．陕西学前师范学院学报，2018，（9）．

［17］贺可可．幼儿语言教学活动中的游戏化分析［J］．科学咨询，2019（10）．

［18］黄凤霞．幼儿园语言教学活动游戏化探索研究［J］．课程教育研究，2018（35）．